**Albanien** (AL)

 **Algerien** (DZ)

 **Andorra** (AD)

 **Angola** (AO)

 **Antigua und Barbuda** (AG)

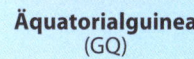 **Äquatorialguinea** (GQ)

 **Aserbaidschan** (AZ)

 **Äthiopien** (ET)

 **Australien** (AU)

 **Bahamas** (BS)

 **Bahrain** (BH)

 **Bangladesch** (BD)

 **Bolivien** (BO)

 **Bosnien and Herzegowina** (BA)

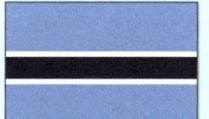 **Botswana** (BW)

 **Brasilien** (BR)

 **Brunei** (BN)

 **Bulgarien** (BG)

 **Demokratische Republik Kongo** (CD)

 **Deutschland** (DE)

 **Dominica** (DM)

 **Dominikanische Republik** (DO)

 **Dschibuti** (DJ)

 **Ecuador** (EC)

 **Gabun** (GA)

 **Gambia** (GM)

 **Georgien** (GE)

 **Ghana** (GH)

 **Grenada** (GD)

 **Griechenland** (GR)

 **Honduras** (HN)

 **Indien** (IN)

 **Indonesien** (ID)

 **Irak** (IQ)

 **Iran** (IR)

 **Irland** (IE)

 **Jordanien** (JO)

 **Kambodscha** (KH)

 **Kamerun** (CM)

 **Kanada** (CA)

 **Kasachstan** (KZ)

 **Katar** (QA)

 **Kuba** (CU)

 **Kuwait** (KW)

 **Laos** (LA)

 **Lesotho** (LS)

 **Lettland** (LV)

 **Libanon** (LB)

WELTATLAS
FÜR KINDER

EDITION XXL

INHALT

WIE MAN DIESEN ATLAS BENUTZT

Dieser Atlas enthält Karten und Informationen zu Ländern und Regionen auf der ganzen Welt. Jede Karte widmet sich einem bestimmten Bereich der Erde und wird von einem Einführungstext sowie interessanten Fakten begleitet. Die Karten zeigen geografische Merkmale, wie Berge, Flüsse und Seen, die für das jeweilige Gebiet wichtig sind. Hauptstädte und sehenswerte Orte werden meistens hervorgehoben.

Mit Symbolen werden Bereiche markiert, in denen z. B. besonderes Obst und Gemüse angebaut wird oder sich typische Branchen, wie Bergbau oder Fischerei, befinden. Die Symbole zeigen auch, welche Tiere und Pflanzen in der jeweiligen Region vorkommen. Auch auf berühmte Gebäude und auf bestimmte Bevölkerungsgruppen wird hingewiesen.

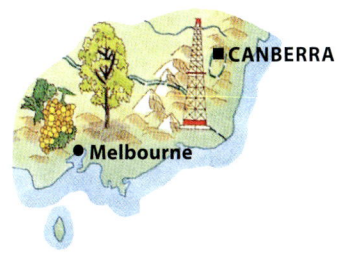

Die Namen der Hauptstädte sind immer in Großbuchstaben geschrieben und werden manchmal durch ein Quadrat auf der Karte markiert. Punkte kennzeichnen weitere Großstädte.

Einige Städte werden auch anstelle eines Quadrats oder eines Punktes durch ihre interessanten Gebäude dargestellt, wie z. B. Sydney in Australien durch das Opernhaus.

Verschiedene Baumarten stellen die Pflanzenvielfalt rund um den Globus dar.

Fichten und Tannen sind eher in kalten Gebieten zu finden.

Laubbäume wachsen dort, wo das Wetter wärmer ist.

Regenwaldbäume gibt es in feucht-warmen, tropischen Gebieten.

Die Lage der Länder ist auf einem kleinen Globus gelb markiert.

Gestrichelte grüne Linien stellen Staatsgrenzen dar.

Gestrichelte braune Linien markieren die Landesgrenzen.

Erhebungen, wie z. B. Hügel und Berge, werden wie oben abgebildet, gezeigt. Die höchsten Berge sind weiß dargestellt.

Meere und Ozeane sind blau gekennzeichnet. Kleine blaue Flecken auf den Landflächen stellen Seen dar. Flüsse werden als blaue Linien dargestellt.

0   150   300 km

Die Skala hilft dir, die Größe jedes Landes und die Entfernung zwischen den Orten einzuschätzen. Jede Karte hat ihre eigene Skala.

Geografische Merkmale von besonderem Interesse werden durch Symbole kenntlich gemacht, wie das oben abgebildete für die Niagarafälle.

Einige Seen existieren nicht das ganze Jahr über. Sie trocknen für bestimmte Zeiträume aus. Diese sind durch gestrichelte Linien dargestellt.

Weitere Symbole auf den Karten stellen Produkte, die Industrie, natürliche Rohstoffe, Tiere, Menschen oder Pflanzen dar, die für das jeweilige Gebiet typisch sind.

DIE WELT

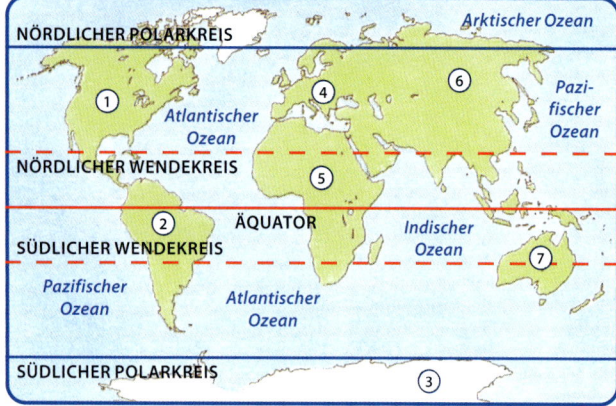

Aus dem Weltraum betrachtet sieht die Erde blau aus, da ein Großteil ihrer Oberfläche mit Wasser bedeckt ist. Es gibt vier große Meere: den Pazifischen Ozean (Pazifik), den Atlantischen Ozean (Atlantik), den Indischen Ozean (Indik) und den Arktischen Ozean (Arktik).

Die Meere sind durch große Landflächen getrennt. Diese sind in sieben Kontinente aufgeteilt. Die Kontinente Asien, Afrika und Europa bilden mehr als die Hälfte der gesamten Landmasse der Erde.

Nord- und Südamerika bilden eine große Landfläche zwischen Pazifik und Atlantik. Die Antarktis befindet sich um den Südpol herum. Ozeanien, auch Australasien genannt, besteht aus Australien, Neuseeland und den umliegenden Inseln und ist der kleinste Kontinent.

Der Äquator ist eine 40 075 Kilometer lange, gedachte Linie, die den Erdball in zwei gleichgroße Hälften teilt – die nördliche und die südliche Hemisphäre. Entlang dieser Linie sind die Durchschnittstemperaturen am höchsten.

Die Wetterbedingungen, auch Klima genannt, sind auf der gesamten Erde sehr unterschiedlich. Das Klima einer Region wird beeinflusst durch die Lage, die Höhe über dem Meeresspiegel, die Nähe zu Bergen oder Meeren sowie durch lokale Winde.

Zu beiden Seiten des Äquators wird die Erde vom Nördlichen und vom Südlichen Wendekreis umkreist. Hier ist der Sonnenstand das ganze Jahr über hoch. Aus diesem Grund sind die Tage hier fast immer gleich lang und die hier liegenden Länder erleben keine vier unterschiedlichen Jahreszeiten. Stattdessen wird das Jahr in Perioden unterteilt, die entweder regnerisch oder trocken sind. Hier befinden sich die tropischen Regenwälder.

Die Antarktis – ein Kontinent, größer als Europa – ist mit Eis bedeckt. Am Südpol ist die Eisschicht durchschnittlich 2100 Meter dick. Die niedrigste bisher in der Antarktis gemessene Temperatur beträgt – 89 °C.

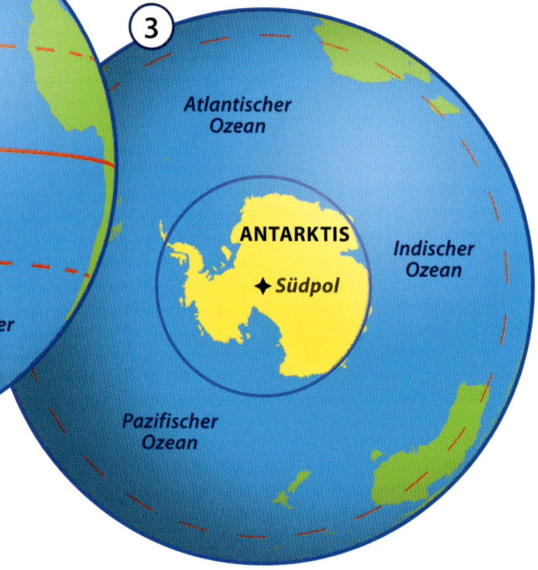

Nordamerika erstreckt sich vom Arktischen Ozean bis hin zur Karibik. Die größten Länder dieses Kontinents sind Kanada und die USA.

Südamerika umfasst 12 unabhängige Länder. Das größte Land, Brasilien, besitzt ein riesiges Regenwaldgebiet, das sich um den Amazonas herum befindet.

Die Arktis (Nordpol) und Antarktis (Südpol) sind extrem kalt. In der Nähe des nördlichen Polarkreises besteht die Landschaft größtenteils aus gefrorenen, baumlosen Ebenen. Der Nordpol befindet sich im Zentrum des Arktischen Ozeans, wo es kein Land, sondern nur wanderndes Meereis gibt.

Zwischen den Tropen und dem südlichen und dem nördlichen Polarkreis ist das Klima milder. Nördlich der Nordhalbkugel gibt es Regionen mit Fichten- und Tannenwäldern, während weiter südlich in Richtung des Äquators eher Laubbäume verbreitet sind. Warme Klimazonen bringen auch Grasland hervor, wie z. B. die Präriegebiete Nordamerikas. Ein Drittel der gesamten Landfläche besteht aus Wüste, in der nur sehr wenig Regen fällt.

Mit Ausnahme der Antarktis sind alle Kontinente in Länder unterteilt. Die Weltbevölkerung ist jedoch nicht gleichmäßig über den gesamten Planeten verteilt. Mehr als die Hälfte aller Menschen leben in Asien, während niemand dauerhaft in der Antarktis lebt.

Viele der Städte sind in der Nähe von Flüssen, gutem Boden, natürlichen Ressourcen und Mineralien gewachsen, wodurch die Industrie vorangetrieben wird und gute Bedingungen für die Landwirtschaft bestehen.

Ozeanien besteht aus Australien, Neuseeland, Papua-Neuguinea und über 20 000 kleinen Inseln im Pazifik. In Ozeanien leben die wenigsten Menschen, abgesehen von der Antarktis.

Europa besteht aus vielen Ländern, die sich vom kalten Norden Skandinaviens bis zum warmen Mittelmeer erstrecken. Etwa ein Viertel Russlands ist auch Teil dieses Kontinents.

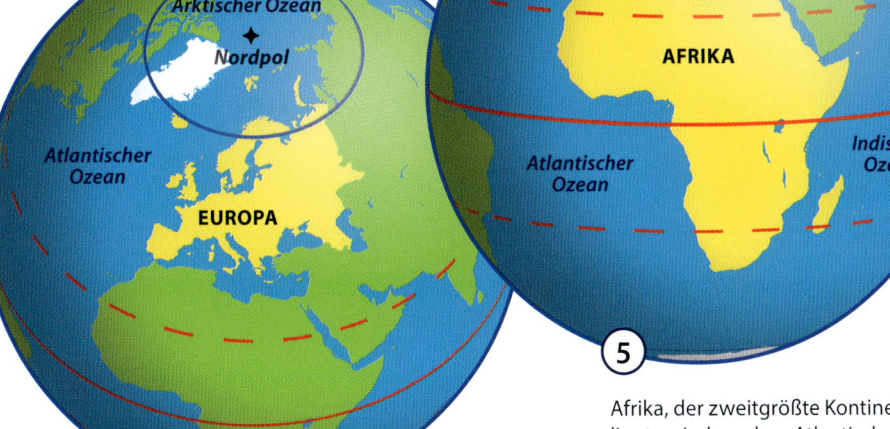

Asien ist der größte Kontinent und hat die meisten Einwohner. Obwohl Russland das größte Land der Welt ist, leben in China mehr Menschen als in jedem anderen Land. In Zentralasien bildet der Himalaya die höchste Gebirgskette der Erde. Diese wird manchmal als das „Dach der Welt" bezeichnet.

Afrika, der zweitgrößte Kontinent, liegt zwischen dem Atlantischen und dem Indischen Ozean. Ein Großteil Nordafrikas wird von der Sahara bedeckt, der größten Wüste der Welt.

NORDEUROPA

Die Britischen Inseln bestehen aus Großbritannien (England, Schottland, Wales) und Irland sowie vielen kleineren Inseln. Das Vereinigte Königreich setzt sich aus Großbritannien und Nordirland zusammen. Der südliche Teil Irlands (die Republik Irland oder Eire) ist ein unabhängiges Land. Auf allen Britischen Inseln findet man grasende Kühe und Schafe. Öl- und Gasquellen befinden sich in der Nordsee vor der Küste Schottlands.

Skandinavien setzt sich aus Norwegen, Schweden, Dänemark, Finnland und Island zusammen. Riesige Wälder in Skandinavien liefern Holz für die Papier- und Möbelherstellung. In diesen Ländern gibt es auch große Fischereiflotten.

Grönland ist eine große Insel, die zu Dänemark gehört. Sie liegt größtenteils innerhalb des nördlichen Polarkreises. Dort leben nur wenige Menschen. Grönland ist die größte Insel der Welt.

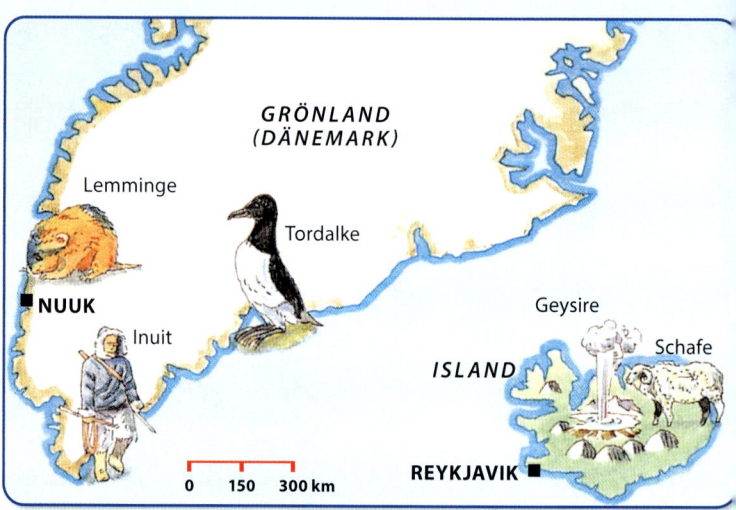

GRÖNLAND (DÄNEMARK)

Lemminge
Tordalke
■ NUUK
Inuit
Geysire
Schafe
ISLAND
0   150   300 km
REYKJAVIK ■

Weitere Infos:

 Unter der gefrorenen Erde in Island entspringen heiße **Geysire**.

 Big Ben ist eine 13,8 Tonnen schwere Glocke im Uhrenturm von Westminster in London.

 Tweed ist ein dicker Wollstoff aus Schottland, der zur Herstellung von Kleidung verwendet wird.

 Der **Hadrianswall** wurde quer durch Nordengland von den alten Römern erbaut.

Tweed

Rinder

Schafe

Gasfelder

Bohrinseln

Rothirsche   Gerste

Reetdach-häuser

Fischfang

SCHOTTLAND

Nordsee

Croft-Landwirtschaft

Ponys

Fischfang

BELFAST

EDINBURGH

Glasgow

Kartoffeln

NORD-IRLAND

Hadrianswall

küstennaher Windpark

Curragh (traditionelles irisches Boot)

Mastrinder

Shannon

DUBLIN

Irische See

Lake District

● **Newcastle upon Tyne**

Bohrinsel

Torf

IRLAND

Blackpool Tower

VEREINIGTES KÖNIGREICH

Kristalle

Zuckerrüben

Gasfelder

Papageien-taucher

Conwy Castle

● **Manchester**

Fischfang

Atlantischer Ozean

WALES

Rugby

Severn

Birmingham

Trent

ENGLAND

Seehafen

Oxford

Weizen

Cardiff

Fischfang   Surfen

Gerste

Big Ben

LONDON

Themse

Hopfen

Marineschiff

Southampton

Seehafen

Ärmelkanaltunnel

- In Finnland gibt es fast 190 000 Seen.
- Im Legoland in der dänischen Stadt Billund wurden aus mehr als 58 Millionen Legosteinen Modelle von Gebäuden und Tieren gebaut.
- Norwegen ist mehr als doppelt so groß wie England, aber England hat über 12-mal so viele Einwohner.

Mützenrobben

Auerhähne

Narvik

RUSSLAND

Rentiere

Lappen *(Volk)*

Birken

Wasser-flugzeuge

Seehafen

Fischfang

Moschus-ochsen

Lemminge

Tordalk

Bergbau

Rentiere

Wölfe

Luchse

Bergbau

Otter

Steinadler

Fischfang

Bergbau

Lachse

Nutzholz

Saunas

FINNLAND

Skandinavisches Gebirge

Vielfraße

Hafer

Nutzholz

Trondheim

Stabkirchen

Skifahren

Langlauf

Schweine

Kathedrale

Nutzholz

Nutzholz

B o t t n i s c h e r   M e e r b u s e n

Forellen

Bergen

NORWEGEN

Hafer

HELSINKI

Kartoffeln

OSLO

Landestracht

Hafer

Milch-kühe

Schafe

Elche

Universität Uppsala

STOCKHOLM

F i n n i s c h e r   M e e r b u s e n

Heringe

Runensteine

Eisbrecher

Fischfang

Fähren **Göteborg**

Eiderenten

Kartoffeln

Milch-kühe

SCHWEDEN

Kartoffeln

Roggen

Schweine

Die kleine Meerjungfrau

DÄNEMARK

KOPENHAGEN

Windmühlen

O s t s e e

Weitere Infos:

Langlauf ist in den verschneiten Ländern Skandinaviens beliebt.

Nach einem Dampfbad in der **Sauna** laufen die Finnen oft hinaus in den Schnee!

Die Statue der **kleinen Meerjungfrau** befindet sich auf einem Felsen im Hafen von Kopenhagen, Dänemark.

Die norwegischen **Stab-kirchen**, die vor mehr als 700 Jahren gebaut wurden, bestehen aus Holz.

DEUTSCHLAND

FRANKREICH UND DIE BENELUXSTAATEN

Frankreich ist das größte Land in Westeuropa. Es hat reichlich Ackerland und sein mildes Klima ist ideal für den Anbau von Weizen, Mais und Gerste. Hier wachsen auch Trauben und der französische Wein ist welt-berühmt. Frankreich ist eben-falls bekannt für seine gute Küche.

Es gibt viele schöne französische Städte. Die Hauptstadt Paris ist ein wichtiges Zentrum für Kunst und Bildung. Die wichtigste Industrie-region liegt nördlich von Paris. Die Alpen im Süden Frankreichs sind beliebt zum Klettern und Skifahren. Die Côte d'Azur (oder Franzö-sische Riviera) entlang der Mittelmeerküste ist eine Region mit vielen Badeorten.

Die Beneluxstaaten setzen sich aus Belgien, Luxemburg und den Niederlanden zusam-men. Ein Drittel der Niederlande liegt unter dem Meeresspiegel – der höchste Punkt des Landes liegt bei ungefähr 320 Metern.

Weitere Infos:

Trüffel sind wertvolle pilzähnliche Pflanzen, die unter der Erde wachsen und einen besonderen Geschmack haben. Um sie zu finden, benutzt man Schweine und Hunde.

Die schönen **Höhlenmalereien** in Lascaux sind bis zu 20 000 Jahre alt. Sie zeigen Pferde, Hirsche und andere Tiere sowie menschliche Figuren.

Baskische Hirten sprechen ihre ganz eigene Sprache und leben in den Ausläufern der Pyrenäen im Norden Spaniens und im Südwesten Frankreichs.

In den Niederlanden wurden früher **Windmühlen** genutzt, um Hochwasser aus dem Land zu pumpen. Deiche wurden gebaut, um das Land trocken zu halten.

Die **Tour de France** ist das bekannteste Radrennen der Welt. Radfahrer aus vielen Ländern fahren in drei Wochen ungefähr 3500 Kilometer.

TGV-Hochgeschwindigkeitszüge fahren von Paris in andere französische Städte. Sie gehören zu den schnellsten Personenzügen der Welt.

Schon gewusst?

- Frankreich, Belgien, die Niederlande und Luxemburg gehören alle zur Europäischen Union (EU). Die EU hat sich zum Ziel gesetzt, das Leben in den Mitglieds-ländern zu verbessern und ihnen zu helfen, Geschäfte miteinander zu machen.

- Belgien hat zwei Gruppen von Einheimischen: Die Flamen sprechen Flämisch – eine Form des Nieder-ländischen – und die Wallonen sprechen einen französischen Dialekt.

- Luxemburg ist auch der Name der Hauptstadt des Landes Luxemburg.

- 97% der Belgier leben in Städten.

- Frankreich ist nach den USA und Spanien eines der meistbesuchten Länder der Welt.

- Die Stadt Amsterdam in den Niederlanden liegt auf etwa 100 Inseln, die durch eine Reihe von Kanälen verbunden sind. Mindestens 50 Autos fallen pro Jahr in die Kanäle. Es gibt eine Spezialpolizei, die versunkene Autos und Fahrräder bergen soll.

Kormoran

Brest •

Austern

Atlantischer Ozean

Fischfang

| 0 | 150 | 300 km |

SPANIEN

Nordsee

Fischfang
Erdgas
Windmühlen
NIEDERLANDE
Käse
AMSTERDAM
Diamantschliff
Milchkühe
Den Haag
Rotterdam
Seehafen
Blumen

VEREINIGTES KÖNIGREICH

DEUTSCHLAND

Spitze
Rat der Europäischen Union

Ärmelkanaltunnel
Calais
Lille
Weizen
Autofähren
BRÜSSEL
Boulogne
Obst und Gemüse
BELGIEN
LUXEMBURG

Ärmelkanal

Seehafen
Schalentiere
Mastrinder
Kohle
Weintrauben
LUXEMBURG
Kohle

Fischfang
Cherbourg
Seehafen
Le Havre
Rouen
Zuckerrüben
Reims
Rothirsche
Kartoffeln
Metz
Bergbau

Mont-Saint-Michel
Käse
Seine
Äpfel
PARIS
Weintrauben
Nancy

Artischocken
Cidre (Apfelwein)
Rennes
Milchkühe
Le Mans
Autorennen
Schloss Versailles
Weizen
Dijon-Senf
Milchkühe

Loire
Reiher
Nantes
Schloss Chenonceau
Wildschweine
Weintrauben
Saône
Jura
SCHWEIZ
Gämsen

Badeorte
Weintrauben
Rot-hirsche
FRANKREICH
TGV (Hochgeschwindigkeitszug)
Tour de France
Mont Blanc

La Rochelle
Seehafen
Mais
Limoges
Trüffelsuche
Porzellan
Le Puy
Lyon
Rhone
Alpen
Skifahren
ITALIEN

Wasserläufer
Tabak
Bordeaux
Dordogne
Höhlenmalerei
Pyrenäen
Kastanien
Kirschen und Aprikosen
Segeln

Golf von Biscaya
Weintrauben
Garonne
Oliven
Walnüsse
Melonen
Lavendel
MONACO

Pinien
Öl
Baskische Schafhirten
Flugzeugindustrie
Weintrauben
Camargue-Pferde
Marseille
Côte d'Azur
Badeorte

Toulouse
Flamingos
Tauchen
Kastanien

Zentralmassiv

ANDORRA
Fischfang
KORSIKA

Mittelmeer
Weintrauben

Moutarde de Dijon

MITTELEUROPA

Deutschland ist eine führende Industrienation in Mitteleuropa. Das Ruhrgebiet ist z. B. für seine Schwerindustrie bekannt und der Rhein stellt eine wichtige Route für den Gütertransport dar. Während sich Norddeutschland durch fruchtbares Ackerland auszeichnet, wartet Süddeutschland mit Bergen und Wäldern auf. Weiter südlich befinden sich die Schweiz und Österreich, die von den Alpen überragt werden.

Im Osten liegen die Tschechische Republik, die Slowakei und Polen. Diese Regionen sind reich an natürlichen Ressourcen und verfügen über große Industrien. Polen zeichnet sich besonders durch seinen Stahlbau und seine Schiffsbauzentren an der Ostsee aus. Die Landwirtschaft ist in diesen Ländern ebenfalls sehr ausgeprägt.

Weitere Infos:

 Die **Gämse** ist eine wilde Antilope von der Größe einer Ziege. Sie lebt in den Bergen und frisst Kräuter, Blumen und Piniensprossen.

 Böhmen ist eine bei Touristen beliebte Region der Tschechischen Republik. Dort werden böhmische **Glaswaren** hergestellt.

 Bisons waren einst in ganz Europa verbreitet. Heute sind nur noch wenige übrig. Die meisten leben in einem Waldschutzgebiet in Polen.

 Die Schweiz ist bekannt für ihre Uhrenherstellung. **Schweizer Uhren** sind auf der ganzen Welt beliebt.

 Lipizzanerpferde werden an der Spanischen Hofreitschule in Wien, Österreich, ausgebildet und treten in weltberühmten Shows auf.

 **Schloss Neuschwanstein** in Bayern wurde vor über 100 Jahren für König Ludwig II. erbaut.

Fischfang

Kiel

Seehafen

Schweine

Seehafen

Ros

Lübeck

Hamburg

Schafe

Öl

Elbe

Holstentor

Erdgas

Milchkühe

Äpfel

Bergbau

Zuckerrüben

Hannover

Gerste

Sal

Weser

DEUTSCHLAND

Weizer

Rhein

Kohle

Brieftauben

Köln

Bergbau

Bier

Bonn

Fachwerkhäuser

Le

Kölner Dom

Wein

Frankfurt

Weintrauben

Weintrauben

Mastrind

Trier

Schlösser

Weintrauben

Nürnberg

Märkte

FRANKREICH

Stuttgart

Dinkelsbühler Knabenkapelle

Bussarde

Hopfen

Bier

Schwarzwald

Donau

München

Milchkühe

Schloss Neuschwanstein

Uhren

Zürich

Bodensee

Innsbruck

Murmelti

Käse

Schokolade

VADUZ

BERN

Skifahren

Snowboarden

SCHWEIZ

Genfersee

Milchkühe

Alpen

Rotes Kreuz

Matterhorn

LIECHTENSTEIN

ITALIEN

Fischfang

Ostsee

dkörbe

Badeorte

Fischfang

Schiffsbau

Seehafen

Danzig •

Elbing

Raps

Milchkühe

Kartoffeln

Marienburg

Bisons

artoffeln

Schafe

Gemüse

Weizen

Bier

Weichsel

Pferde

Posen

Gerste

BERLIN

POLEN

Weizen

Schweine

Nutzholz

Kohle

Oder

Äpfel

Schweine

• **Lodz**

WARSCHAU

Meißner
Porzellan

Zucker-
rüben

Hopfen

esden •

Skifahren

Kohle

Kartoffeln

is

Flachs

Roggen

Bergbau

Äpfel

Kohle

Landestracht

Tabak

Öl

Hopfen

Bergbau

Kohle

Erdgas

PRAG

Schinken

**TSCHECHISCHE
REPUBLIK**

Kohle

Krakau

Kohle

Gämsen

Schweine

Bier

Brünn

Eisvögel

Nutzholz

Böhmische Glaskunst

Zucker-
rüben

SLOWAKEI

Schafe

Fischfang

Weintrauben

Obst

Weintrauben

Weintrauben

Heu-
schober

WIEN

BRATISLAVA

Stahl

Gerste

Gemüse

Donau

zburg

Weizen

Lipizzaner-
pferde

Kohle

ÖSTERREICH

Milchkühe

Alpen

Gämsen

Nutzholz

0   100   200 km

SPANIEN, PORTUGAL UND ITALIEN

Mehrere Gebirgszüge verlaufen quer durch Spanien. Die höchsten Gebirge sind die Pyrenäen zwischen Spanien und Frankreich sowie die Sierra Nevada im Süden. Viele Spanier leben und arbeiten in den Städten oder bauen auf dem Land Oliven, Zitrusfrüchte und Weintrauben an. Portugal, im Südwesten der Iberischen Halbinsel gelegen, ist ein eher kleineres Land. Viele Portugiesen arbeiten als Fischer oder Bauern.

Italien ist ein langes, schmales Land, durch dessen Zentrum sich der Apennin zieht. Im Norden gibt es Fabriken, in denen Autos und Textilien hergestellt werden. Im Süden bauen Landwirte Früchte, wie z. B. Oliven und Orangen, an. In Spanien, Portugal und Italien herrscht ein mildes Klima. Die Strände der Region sind beliebte Urlaubsziele für Menschen aus aller Welt.

Weitere Infos:

Die **Sagrada Familia** (zu Deutsch „Heilige Familie") ist eine schöne Kirche in Barcelona. Der Bau begann schon 1882, aber bis heute ist die Kirche noch nicht fertig.

Flamenco ist ein traditioneller Tanz aus Südspanien, der von Gitarrenmusik begleitet wird.

Seehafen

Golf von Biscaya

La Coruña

Kartoffeln

Äpfel

Mastrinder

Öl

Seehafen

FRANKREICH

Fischfang

Dudelsäcke

Paprika

Bergbau

Skifahren

ANDORRA

Schafe

Aragonesische Tracht

Portwein

Ebro

Pyrenäen

ANDORRA LA VELLA

Störche

Seehafen

Porto

SPANIEN

Segovia

Äpfel

Sagrada Familia

Weintrauben

Sardinen

Kohl

Wildschweine

Weizen

Barcelona

Fischfang

Nutzholz

PORTUGAL

Tabak

Kork

Weizen

MADRID

Mais

Tajo

Eichen

Damaszener

Wein-trauben

Reis

Burg von Almourol

Schweine

BALEAREN

LISSABON

Schafe

Fischfang

MALLORCA

Ginster-katze

Flamenco-tänzer

Windmühlen

Granatäpfel

IBIZA

Kork

Oliven

Orangen

Zitrusfrüchte

Segeln

Weizen

Schafe

Sevilla

Cordoba

Sierra Nevada

Badeorte

Mandeln

Weizen

Sherry

Gerste

Oliven

Sonnenblumen

Badeorte

Fischfang

GIBRALTAR (GB)

Mittelmeer

Badeorte

Weitere Infos:

 Der Heilige Franziskus wurde in **Assisi**, Italien, geboren. Er gab sein Vermögen auf, um als Mönch zu leben.

 In Venedig können Besucher mit **Gondeln** die Kanäle entlang fahren.

Im Jahre 79 n. Chr. brach der Vesuv aus. Seine Vulkanasche verschüttete die Stadt **Pompeji**.

 Toledo in Spanien ist berühmt für **Damaszener Stahl** – schwarzes Metall mit dekorativen goldenen oder silbernen Einlegearbeiten.

Nudeln sind beliebt in Italien. Sie werden traditionell aus Weizenmehl und Wasser hergestellt.

Kork ist die Rinde einer Eiche. Es wird zur Herstellung von Flaschenverschlüssen verwendet.

Schon gewusst?

- Vatikanstadt ist ein unabhängiger Staat innerhalb der Stadt Rom. Hier lebt der Papst, das Oberhaupt der römisch-katholischen Kirche. Es ist zugleich der kleinste Staat der Welt mit eigenem Bank-, Telefon- und Postwesen.

- Spanien ist weltweit führend in der Herstellung von Olivenöl. Es produziert jedes Jahr fast 1 Million Tonnen!

- Portugal ist bekannt für seinen Portwein – einen starken, dunkelroten Wein.

- Mit einer Höhe von 3350 Metern ist der Ätna der höchste aktive Vulkan Europas.

- Das Kolosseum in Rom ist bekannt für die Gladiatorenkämpfe, die dort vor langer Zeit ausgetragen wurden. Aber es war auch eine Bühne für das Nachstellen von berühmten Schlachten und Dramen aus der klassischen Mythologie.

Edelweiß
Klettern
Äpfel
Skifahren
Alpen
Mont Blanc
Mais
Weizen
Triest
Gardasee
Turin
Mailand
Zucker-rüben
Venedig
See-hafen
Automobil-industrie
Wein-trauben
Reis
Po
Rinder
Gondeln
Genua
Nudeln
Seehafen
SAN MARINO
Badeorte
San Marino
Pisa
Florenz
Wein
Tiber
Assisi
Badeorte
Dachse
Apennin
Weintrauben
ELBA
Bergbau
M i t t e l m e e r
KORSIKA
Erdgas
A d r i a t i s c h e s M e e r
VATIKANSTADT
ROM
Zitrusfrüchte
Hummer
Sardische Tracht
ITALIEN
Bari
Büffel
Vesuv
Neapel
Pompeji
Weintrauben
SARDINIEN
Fähre
Tomaten
Tabak
Weintrauben
Kartoffeln
Brindisi
Schafe
Weintrauben
Fähre
Schafe
Schafe
Fischfang
Cagliari
M i t t e l m e e r
Thunfisch
Eichen
Weintrauben
Messina
Palermo
Oliven
SIZILIEN
Mandeln
Antike Ruinen
Ätna
Zitrusfrüchte
Öl
ORCA

0   150   300 km

SÜDOSTEUROPA

Ungarn, Serbien, Kroatien, Rumänien, Bulgarien und Griechenland gehören zu Südosteuropa. Budapest, die Hauptstadt Ungarns, liegt am Ufer der Donau, die weiter südlich nach Serbien fließt. Serbien ist eine der sechs eigenständigen Republiken, aus denen früher das Land Jugoslawien bestand. Streitigkeiten zwischen den beiden größten Republiken Serbien und Kroatien führten in den 1990er-Jahren zum Bürgerkrieg.

Die Donau bildet in ihrem weiteren Verlauf die Grenze zwischen Rumänien und Bulgarien und mündet dann ins Schwarze Meer. Hohe Gebirgszüge sind die Karpaten und die Transsilvanischen Alpen in Rumänien sowie das Balkangebirge in Bulgarien.

Im Süden liegt das griechische Festland mit seinen vielen Inseln. Der Tourismus ist für Griechenland sehr wichtig. Die Menschen kommen, um die antiken Ruinen zu besuchen und um die Inseln und Strände des Landes zu genießen.

SLOWENIEN
LJUBLJANA ■ Kohle
ZAGREE
Wölfe

Römisches Amphitheater

Pula

Dinarische Alpen

BOS!

Fischfang

Dalmatinische Küste

Adria

Weintrau

Split

ITALIEN

Weitere Infos:

Oliven sind die Früchte des Olivenbaums. Sie sind grün, wenn sie unreif sind und werden während des Reifeprozesses schwarz.

Pelikane leben am Schwarzen Meer. Diese Vögel benutzen den Beutel an ihrem Schnabel, um Fische aus dem Wasser zu fangen.

Der **Parthenon-Tempel** in Athen, Griechenland, ist mehr als 2400 Jahre alt. Er wurde zu Ehren von Athena, der griechischen Göttin der Weisheit, erbaut.

Schloss Bran, auch Draculaschloss genannt, wurde 1377 in den Transsilvanischen Alpen erbaut.

Die Römer bauten ein riesiges **Amphitheater** für Tausende von Menschen im Hafen von Pula in Kroatien.

Wegen des französischen Einflusses neubarocker Architektur wird Bukarest auch als „Kleines Paris" bezeichnet.

Die **Samaria-Schlucht** auf der griechischen Insel Kreta ist eine der längsten Schluchten Europas.

Das **Tal der Rosen** ist ein Rosenanbaugebiet in Bulgarien. Dort wird ein Rosenöl gewonnen, das in Parfüms verwendet wird.

0   150   300 km

Schon gewusst?

- Die Olympischen Spiele wurden erstmals 776 v. Chr. in Olympia, Griechenland, ausgetragen. Die ersten modernen Olympischen Spiele fanden 1896 in Athen statt.
- Graf Dracula, der berüchtigte Vampir, soll aus Siebenbürgen, einer Region Rumäniens, stammen.
- Die dalmatinische Küste Kroatiens ist mit vielen Inseln übersät. Von hier kommen auch die Dalmatiner-Hunde.

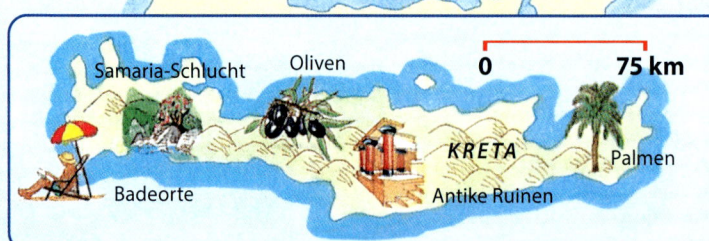

Samaria-Schlucht   Oliven   0   75 km

KRETA

Badeorte   Antike Ruinen   Palmen

MALTA ■ **VALLETTA**

UKRAINE

MOLDAWIEN

Kohle Nutzholz Luchse Störche Äpfel

BUDAPEST Wein-trauben Zucker-rüben Reis Karpaten Kloster Mais

NGARN Schweine Weizen Klausenburg Wein-trauben Wild-schweine Sonnenblumen

Csikós (Pferdehirten) Mais Bergbau Erdgas Pelikane

Paprika Mastrinder Zuckerrüben Milchkühe Schloss Bran

Äpfel Schweine Transsilvanische Alpen Skifahren Nutzholz

OATIEN Schweine Belgrad Tabak RUMÄNIEN Kohle Weizen

Schweine Weizen Gänse Kartoffeln Öl BUKAREST Weintrauben

ZEGOWINA Weintrauben Mais Donau Badeorte

Kohle SARAJEVO SERBIEN Kohle Bergbau Zuckerrüben

Braunbären Weizen Weizen Sonnenblumen BULGARIEN Badeorte

MONTENEGRO KOSOVO Rosen Goldenes Kalb Schwarzes Meer

ubrovnik PRISTINA Kohle SOFIA Balkan Weintrauben Schafe

PODGORICA Nutzholz SKOPJE Gerste

Fischfang NORD-MAZEDONIEN Nutzholz Tabak Baumwolle

Ziegen Schafe Mastrinder Baumwolle Tabak

TIRANA Griechische Tänzer

ALBANIEN Pindosgebirge LIMNOS TÜRKEI

Oliven Weintrauben Olymp Ägäis LESBOS

KORFU Feigen Fischfang

nisches Meer Zitrusfrüchte Schafe CHIOS

Oliven GRIECHENLAND Parthenon Windmühlen

Oktopusse Badeorte ATHEN Badeorte SAMOS

KEFALONIA Korinth Seehafen NAXOS

ZAKYNTHOS Silber RHODOS

Bergbau

Beaufortsee

KÖNIGIN-ELISABETH-INSELN

Seebären

Schneegänse

BANKS-INSEL

Walrosse

Polarfüchse

VICTORIA-INSEL

Kohle

Yukon

ALASKA
(USA)

Öl

Schnee-Eulen

Seeotter

Öl

YUKON-TERRITORIUM

NORDWEST-
TERRITORIEN

Mackenzie

*Großer
Bärensee*

KANADA

Inuit

Öltanker

Anchorage

Grizzlybären

Elche

Rotkopfenten

Whitehorse

Rocky Mountains

Lachse

Yellowknife

*Großer
Sklavensee*

Öl

Delfine

Juneau

Bergziegen

Athabascasee

P a z i f i s c h e r
O z e a n

Lachse

Schwein

BRITISCH-KOLUMBIEN

SASKAT-
CHEWAN

Skifahren

Schon gewusst?

- In Kanada spricht man zwei offizielle Sprachen: Englisch und Französisch.

- Schimmernde Lichtblitze erhellen oft den arktischen Himmel im Norden Kanadas. Sie sind als Nordlichter bekannt.

- Bei der Stadt Calgary befindet sich eine der weltgrößten Ausstellungen von Dinosaurierskeletten.

HAIDA
GWAII

ALBERTA

Edmonton

Fischfang

Totempfahl

Rodeo

Weizenernte

Vancouver

Calgary

Regina

VANCOUVER
ISLAND

Seehafen

Weizen

Weitere Infos:

 Die **Inuit** leben in der Arktis. Einige jagen noch, aber viele arbeiten heute als Fischer oder Minenarbeiter.

 **Holzfäller** schlagen Nutzholz in Kanadas Wäldern. Es ist eine schwere und gefährliche Arbeit.

 Bis 1929 war Kanadas Polizei (**Mounties**) auf Pferden unterwegs. Heute werden oft Flugzeuge und Schneemobile eingesetzt.

Der **CN Tower** in Toronto ist 553 Meter hoch. Als er 1975 eröffnet wurde, war er das höchste freistehende Gebäude der Welt.

KANADA

Kanada ist das zweitgrößte Land der Welt. Der hohe Norden ist sehr kalt – Eisbären, Polarfüchse und Gänse leben in dieser eisigen Welt. Im Süden ist das Land von großen Wäldern bedeckt, die den Menschen Holz für die Herstellung von Möbeln und Papier liefern.

Im Zentrum Kanadas liegen die Prärien – flache Ebenen, auf denen Weizen angebaut wird. Prachtvolle, fischreiche Seen gibt es im Westen, in den Rocky Mountains. An der kanadischen Ostküste ist die kommerzielle Fischerei eine wichtige Exportindustrie.

Die meisten Kanadier leben im wärmeren Süden, wo der Sankt-Lorenz-Seeweg die großen Seen mit dem Meer verbindet.

Lemminge

Inuit-Kajakfahrer

Baffin-Bucht

Seehunde

Schneehasen

Eisbären

Inuit

BAFFIN-INSEL

NUNAVUT

Hudson-Straße

Narwale

Wasserflugzeuge

Opossume

Hudson-Bucht

Karibus

Bergbau

Wale

Churchill

NEUFUNDLAND

Fischfang

MANITOBA

Nelson

QUEBEC

Eishockey

St John's

ONTARIO

Milchkühe

Albany

Winnipegsee

Mounties

Ahornsirup

Eisbrecher

Fischfang

Biber

Mais

NEUBRAUN-SCHWEIG

Winnipeg

Holzfäller

Oberer See

CN Tower

Quebec

Montreal

Äpfel

Halifax

NEUSCHOTTLAND

OTTAWA

Sankt-Lorenz-Strom

Atlantischer Ozean

Huronsee

Ontariosee

Toronto

Niagarafälle

Michigansee

Eriesee

VEREINIGTE STAATEN VON AMERIKA

0   400   800 km

VEREINIGTE STAATEN VON AMERIKA

Die Vereinigten Staaten von Amerika (USA) bestehen aus insgesamt 50 Staaten. Davon liegen 48 zwischen Kanada und Mexiko. Der 49. und der 50. Staat sind von den anderen getrennt: Alaska liegt westlich von Kanada, während Hawaii aus Inseln im Südwesten des Festlandes im Pazifik besteht.

Die ersten Menschen, die in Amerika lebten, die Ureinwohner, kamen ursprünglich aus Asien. Die ersten Europäer ließen sich vor mehr als 400 Jahren in Amerika nieder. Heute leben in den USA Menschen aus aller Welt.

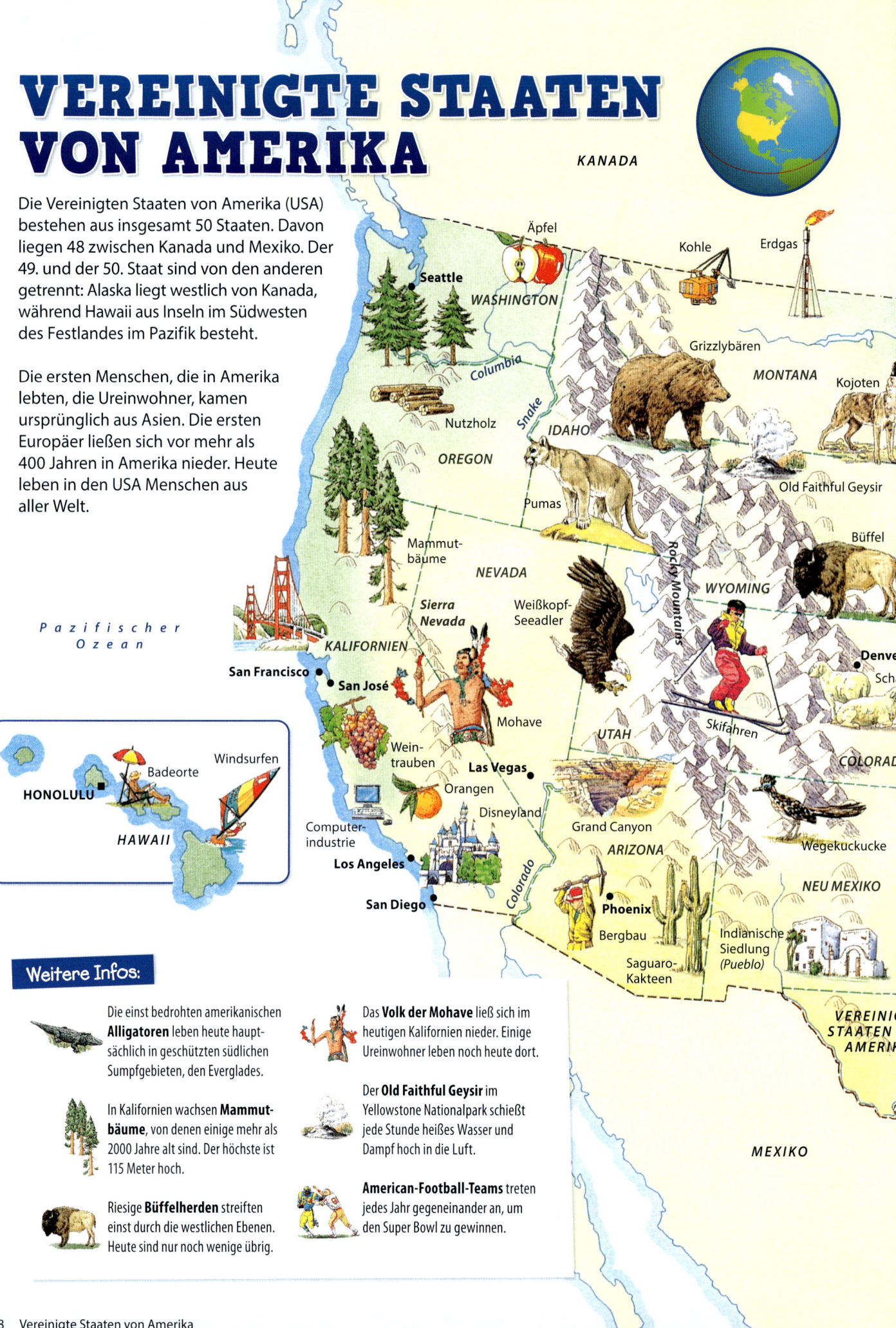

KANADA

Äpfel

Kohle
Erdgas

Seattle
WASHINGTON

Grizzlybären

MONTANA
Kojoten

Columbia

Snake

Nutzholz

IDAHO

OREGON

Old Faithful Geysir

Pumas

Büffel

Mammut-
bäume

NEVADA

Weißkopf-
Seeadler

WYOMING

Sierra
Nevada

Rocky Mountains

Skifahren

Pazifischer
Ozean

KALIFORNIEN

Denve
Scha

Mohave

UTAH

COLORAD

San Francisco •
• San José

Wein-
trauben

Las Vegas

Orangen

Grand Canyon

Computer-
industrie

Disneyland

Wegekuckucke

Los Angeles

ARIZONA

NEU MEXIKO

Colorado

San Diego

Phoenix

Bergbau

Indianische
Siedlung
(Pueblo)

Saguaro-
Kakteen

HONOLULU
HAWAII

Windsurfen
Badeorte

VEREINIG
STAATEN V
AMERIK

Weitere Infos:

Die einst bedrohten amerikanischen **Alligatoren** leben heute hauptsächlich in geschützten südlichen Sumpfgebieten, den Everglades.

In Kalifornien wachsen **Mammutbäume**, von denen einige mehr als 2000 Jahre alt sind. Der höchste ist 115 Meter hoch.

Riesige **Büffelherden** streiften einst durch die westlichen Ebenen. Heute sind nur noch wenige übrig.

Das **Volk der Mohave** ließ sich im heutigen Kalifornien nieder. Einige Ureinwohner leben noch heute dort.

Der **Old Faithful Geysir** im Yellowstone Nationalpark schießt jede Stunde heißes Wasser und Dampf hoch in die Luft.

American-Football-Teams treten jedes Jahr gegeneinander an, um den Super Bowl zu gewinnen.

MEXIKO

RUSSLAND

Polarfüchse

KANADA

ALASKA Öl

Pazifik

0   400   800 km

Schon gewusst?

• Auf der US-Flagge stehen die 50 Sterne für die 50 Staaten. Die roten und weißen Streifen repräsentieren die 13 ursprünglichen Kolonien.

• Der Grand Canyon in Arizona ist eines der Naturwunder der Erde. Er ist stellenweise bis zu 29 Kilometer breit und 1830 Meter tief!

• Am 20. Juli 1969 war der amerikanische Astronaut Neil Armstrong der erste Mensch auf dem Mond.

NEW HAMPSHIRE

VERMONT   MAINE

Mastrinder

Schweine

Oberer See

Ahornsirup

MASSA-CHUSETTS

NORTH DAKOTA

MINNESOTA

MICHIGAN   Huron-see

Niagara-fälle   Ontariosee

NEW YORK

Boston

SOUTH DAKOTA

Milchkühe

Automobilindustrie

Michigansee

Eriesee

RHODE ISLAND

CONNECTICUT

Mount Rushmore

WISCON-SIN

Willis Tower

Detroit

Stahl

PENNSYLVANIA

New York

NEW JERSEY

Weizenernte

Chicago

Sojabohnen

Amische Farmer

Philadelphia

Seehafen

NEBRASKA

IOWA

Baseball

Mais

INDIANA

Columbus

Kohle

Baltimore

DELAWARE

Präriehunde

Indianapolis

OHIO

WEST VIRGINIA

WASHINGTON, D.C.

KANSAS

Kansas City

ILLINOIS

Ohio

Kentucky Derby

VIRGINIA

Rodeo

MISSOURI

Football

TENNESSEE

KENTUCKY

NORTH CAROLINA

Truthähne

MARYLAND

Rinderzucht

Arkansas

Memphis

Tennessee

Tabak

Atlantischer Ozean

Mastrinder

OKLAHOMA

ARKANSAS

Mississippi

ALABAMA

Mississippi-Flussschiffe

Atlanta

SOUTH CAROLINA

Fischfang

Red

Dallas

Baumwolle

Klapper-schlangen

LOUISIANA

MISSISSIPPI

Erdnüsse

GEORGIA

Badeorte

TEXAS

Zuckerrohr

Reis

Jacksonville

San Antonio

Houston

Jazz

New Orleans

FLORIDA

Kennedy Space Center

Öl

Fischfang

Seehafen

Zitrusfrüchte

Rio Grande

Braunpelikane

Golf von Mexiko

Alligatoren

Miami

BAHAMAS

0   400   800 km

Weintrauben

Kandelaber-Kakteen

Tarahumara-Frauen

Kathedrale von Chihuahua

Mais

Schafe

Baumwolle

Chihuahua

Esel

Schwertfische

Weizen

Ozelote

Kakao

Klapperschlangen

Rote Chilischoten

Bergbau

Orangen

Golf von Kalifornien

Fischfang

MEXIKO

Kohle

Rio Grande

VEREINIGTE STAATEN VON AMERIKA

Golf von Mexiko

Grüne Chilischoten

Bohrinseln

Zuckerrohr

Fischfang

Grauwale

Kaffee

Hummer

Nutzholz

Mais

Fiesta

Fischfang

MEXIKO-STADT

Bananen

Chichén Itzá

Popocatépetl

Bergbau

Öl

Zucker-rohr

Acapulco

Seehafen

Rinder

Kaffee

Pazifischer Ozean

Badeorte

Hoch aufragende Kakteen

Lacandonen

BELIZ

Fischfang

GUATEMALA-STADT

Quetzal

Zucker-rohr

GUATEMALA

SAN SALVADOR

EL SALVADO

TEGUCIGA

0   400   800 km

Weitere Infos:

Mais wird seit Jahrtausenden von den Ureinwohnern angebaut. Heute ist er in ganz Amerika beliebt.

Bananen sind eine wichtige Kulturpflanze in Mittelamerika. Nach der Ernte werden sie nach Nordamerika und Europa exportiert.

Die **Pyramiden von Chichén Itzá** wurden vor etwa 1500 Jahren von den Maya errichtet.

Die **Lacandonen** sind Nachkommen der alten Maya und leben tief im mexikanischen Regenwald.

Die langsam schwimmende **Seekuh** ernährt sich von Unterwasserpflanzen. Zum Atmen kommt sie an die Wasseroberfläche.

In Mexiko werden mit **lokalen Festen** die Schutzheiligen der Städte und Dörfer geehrt.

MITTELAMERIKA, MEXIKO UND DIE KARIBIK

Mexiko liegt auf dem nordamerikanischen Kontinent, ebenso wie die sieben Länder Mittelamerikas. Diese Länder bilden eine Landbrücke zwischen Mexiko und Südamerika. Die Menschen in diesem Gebiet sind Nachkommen der Ureinwohner, die ursprünglich hier lebten, und der Europäer, die vor mehr als 400 Jahren in die Region kamen.

Die karibischen Inseln erstrecken sich in einem Bogen um das Karibische Meer. Diese Inseln wurden einst von anderen Ländern beherrscht, aber heute sind die meisten von ihnen unabhängig. Viele Einwohner der Karibik stammen von afrikanischen Sklaven ab, die auf den Zuckerplantagen der weißen Einwanderer arbeiteten.

NASSAU

BAHAMAS

Atlantischer Ozean

Tabak
Zylinderputzer

HAVANNA

Havanna-Zigarren

Kaffee

Bergbau

Fischfang

Zucker-rohr

KUBA

Zucker-rohr

JAMAIKA

KINGSTON

Zucker-rohr

HAITI

PORT-AU-PRINCE

Kaffee

Tabak

DOMINIKANISCHE REPUBLIK

Kohle

SANTO DOMINGO

Tabak

SAN JUAN

PUERTO RICO

Segeln

ANGUILLA (GB)

JUNGFERN-INSELN (USA/GB)

FÖDERATION ST. KITTS UND NEVIS

ANTIGUA UND BARBUDA

GUADE-LOUPE (F)

MONTSERRAT (GB)

DOMINICA

MARTINIQUE (F)

ST. LUCIA

BARBA-DOS

ST. VINCENT UND DIE GRENADINEN

GRENADA

ELMOPAN

okosnüsse

Meeresschildkröten

Bananen

HONDURAS

pire

Baumwolle

Kaffee

Karibisches Meer

NICARAGUA

bak

MANAGUA

ananen

Kaffee

COSTA RICA

SAN JOSÉ

Kakao

Kaffee

PANAMA

Tukane

Seekühe

Panama-Kanal

PANAMA-STADT

Nutzholz

PORT OF SPAIN

TRINIDAD UND TOBAGO

Schon gewusst?

- Mexiko-Stadt wurde auf den Überresten der alten Aztekenstadt Tenochtitlan gegründet und ist heute eine der größten Städte der Welt, mit über 21 Millionen Einwohnern.
- Guatemala bedeutet in der Sprache der Maya-Tolteken „Land der Bäume".
- Die karibische Insel Antigua hat 365 Strände – einen für jeden Tag im Jahr!
- In Kuba gibt es viele unterirdische Kalkstein-höhlen, wie z. B. die 11 km lange Cueva del Gato Jibaro.

Pazifischer Ozean

NÖRDLICHES SÜDAMERIKA

Die Landschaft dieser Region reicht von den hohen Anden und der Wüste im Westen bis zum Regenwald im Norden und Osten. Die Anden, die entlang der Westküste Südamerikas verlaufen, sind reich an Mineralien wie Silber, Zink und Eisen. Der Amazonas entspringt hoch in den Bergen Perus und fließt dann durch Brasilien. Er wird von Hunderten kleiner Flüsse in Peru, Bolivien, Ecuador, Kolumbien und Venezuela gespeist.

Das Hochland erstreckt sich über Venezuela bis nach Guyana, Suriname und Französisch-Guayana. Das Hochland besteht hauptsächlich aus Regenwald. Venezuela ist das reichste Land der Region und gehört zu den größten Ölproduzenten der Welt.

Die ersten Bewohner in Südamerika waren die indigenen Völker. Heute leben dort deren Nachfahren und die der Europäer, die sich dort vor mehr als 450 Jahren niederließen.

PANAMA

Golf von Panama

Fischfang

Bana

Sardinen

Bananen

Panamahüte **QUI**

ECUADOR Coto
Guayaq

Seehafen

Kaffee

Pazifischer Ozean

Baumwolle

PERU

Zuckerrohr

Fischfang

Anchovis

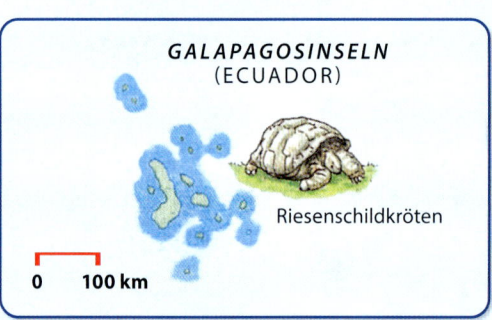

GALAPAGOSINSELN
(ECUADOR)

Riesenschildkröten

0   100 km

Weitere Infos:

 Die vom Aussterben bedrohten **Riesenschildkröten** leben auf den Galapagosinseln im Pazifik. Ausgewachsene Tiere werden bis zu 1,5 Meter lang, können 159 Kilogramm wiegen und über 100 Jahre alt werden.

 Panamahüte aus Ecuador sind weltberühmt. Sie werden aus Toquillastroh geflochten, das aus Scheibenblumengewächsen gewonnen wird.

 Der spanische Name des **Gürteltiers** bedeutet „kleiner Gepanzerter". Sein Rücken und seine Seiten sind mit harten Platten bedeckt. Droht ihm Gefahr, rollt es sich zu einer Kugel zusammen.

 Die noch existierenden **Cuiva-Indianer** leben in kleinen Gruppen in den Steppen Kolumbiens. Alle vier Wochen ziehen sie weiter. Sie jagen Wildschweine, fangen Fische und sammeln Obst.

 Cayennepfeffer ist ein leuchtend rotes und sehr scharfes Gewürz aus gemahlenen Chilis. Diese Pflanze wird in der Umgebung von Cayenne, der Hauptstadt von Französisch-Guayana, angebaut.

 Der **Kondor** ist einer der größten Vögel aus der Familie der Geier. Er schwebt hoch über den Anden und hat eine enorme Spannweite von 3 Metern.

 Die Ruinen der alten Inkastadt **Machu Picchu** wurden 1911 gefunden. Heute sind sie eine der beliebtesten Touristenattraktionen Perus.

 Das Volk der **Aymara** lebt hoch in den Anden. Sie fischen am Titicacasee und stellen ihre Boote aus dem Schilf des Seeufers her.

 Der **Salto Ángel** in Venezuela ist der höchste Wasserfall der Welt. Er hat eine Fallhöhe von 979 Metern.

Karibisches Meer

0   400   800 km

Atlantischer Ozean

Maracaibo-See

Erdgas

Tabak

Öl

CARACAS

Öl

TRINIDAD UND TOBAGO

VENEZUELA

Gürteltiere

Guyana-Hochebene

Tabak

Mais

Orinoco

Salto Ángel

Zuckerrohr

Fischfang

GEORGETOWN

Garnelen

bau

Rinder

Medellín

KOLUMBIEN

BOGOTA

Cuivas

Kaffee

Kakao

Azteken-statuen

Jupura

Barisanas

Kohle

Diamanten

Guaviare

GUYANA

PARAMARIBO

Reis

SURINAME

CAYENNE

Zuckerrohr

FRANZÖSISCH-GUAYANA (F)

Bergbau

Cayennepfeffer

BRASILIEN

Kartoffeln

Auca

Amazonas

Jaguare

Rio Marañón

Aras

Kohle

Schafe

Kautschukbäume

Machu Picchu

Mais

Quechuas

Nutzholz

Schafe

Klammeraffen

Kondore

Lamas

Aymaras

Titicacasee

LA PAZ

Musiker

BOLIVIEN

Öl

Indianer-Feste

Kohle

Pazifischer Ozean

Schon gewusst?

- Der Cotopaxi, in den Anden Ecuadors, ist einer der höchsten aktiven Vulkane der Welt. Er erhebt sich bis auf 5897 Meter über dem Meeresspiegel.

- Spanische Entdecker versuchten, das sagenhafte El Dorado in der Guyana-Hochebene zu finden. Die Legende besagt, dass es eine Stadt voller Gold und großer Reichtümer gewesen ist.

- Klammeraffen werden aufgrund ihrer sehr langen Beine und ihres langen Schwanzes so genannt. Sie leben in den südamerikanischen Wäldern.

- Der Titicacasee in den Anden – der größte See Südamerikas – wird von 25 Flüssen gespeist. Es ist auch der höchstgelegene See der Welt, auf dem große Boote fahren können.

BRASILIEN

Brasilien ist das größte Land Südamerikas und die Heimat des größten tropischen Regenwaldes der Welt. Der Amazonas fließt durch diese feuchtheiße Regenwaldregion und auch einige Indianerstämme leben noch hier. Die wichtigsten Städte liegen im Süden des Landes. Die größte davon ist São Paulo. Rio de Janeiro ist für seine Strände und für seinen jährlichen Karneval bekannt. 1960 wurde die neu erbaute Stadt Brasília zur Hauptstadt Brasiliens.

Atlantischer Ozean

Rio Negro · Tapire · Vampirfledermäuse · Amazonas · Manaus · Tukane · Amazonas-Boote · Wasserbüffel · Fischfang · Bananen · Rio Juruá · Kautschukbäume · Anakondas · Paranüsse · Baumwolle · Zuckerrohr · Brüllaffen · Yanomami · Karajá · Bergbau · Tabak · Rio São Francisco · Recife · Rio Purus · BRASILIEN · Rio Tapajós · Rio Xingu · Abholzung · Faultiere · Agutis · Große Ameisenbären · Seehafen · Salvador · Wasserschweine · Badeorte · BRASÍLIA · Alligatoren · Rinder · Reis · Kaffee · Schneesichler · Rio Paraná · Karneval · São Paulo · Rio de Janeiro · Seehafen · Iguazú-Wasserfälle · Mais · Segeln · Schafe

Weitere Infos:

Der **Karneval in Rio de Janeiro** findet jährlich statt. Während dieser Zeit sind die Straßen mit Musik, Gesang und Tanz erfüllt.

Ein Großteil des **Regenwaldes** wird durch Abholzung zerstört oder muss der Landwirtschaft weichen. Tausende von Pflanzen und Tiere, die dort leben, sind deshalb vom Aussterben bedroht.

Die **Yanomami** leben in strohgedeckten Schilfhäusern. Sie bauen Pflanzen an und gehen auf die Jagd nach Affen und Hirschen.

0   600   1200 km

SÜDLICHES SÜDAMERIKA

Die Andenkette erstreckt sich nach Süden über Chile und Argentinien bis hin zur Spitze des südamerikanischen Kontinents. Die Anden dominieren Chile, ein langes, schmales Land an der Pazifikküste. Im Osten befinden sich in Argentinien, Paraguay und Uruguay weite Grünflächen, auf denen Rinder und Schafe grasen. Weizen und Mais wachsen auf den Pampas, den flachen, baumlosen Ebenen in Argentinien. Im Süden gibt es große Öl- und Gasvorkommen. Das Klima ist kälter als im Norden und es gibt viele Seen, Wasserfälle und Vulkane.

Wie im übrigen Südamerika stammen die Menschen hier hauptsächlich von amerikanischen Ureinwohnern und spanischen Siedlern ab. Die meisten von ihnen leben in Großstädten. Die Hauptstädte von Argentinien, Chile und Uruguay – Buenos Aires, Santiago und Montevideo – sind die Heimat von über einem Drittel der jeweiligen Bevölkerung.

Schon gewusst?

- Die Isla Grande de Tierra del Fuego ist auf zwei Länder aufgeteilt. Der westliche Teil gehört zu Chile, der östliche zu Argentinien.

- In den Anden leben viele ungewöhnliche Tiere. Lamas, Guanakos, Alpakas und Vicuñas gehören zur Familie der Kamele.

- Araukarien wachsen in Chile und Argentinien. Sie sind das gesamte Jahr über grün und werden 30 bis 40 Meter hoch.

- Man erzählt sich, dass José Artigas, bekannt als „Vater der Unabhängigkeit Uruguays", kurz vor seinem Tod ein Pferd verlangte, um in dessen Sattel wie ein Gaucho zu sterben.

Weitere Infos:

 Der **Feigenkaktus** wächst in den Wüsten Nord- und Südamerikas und produziert mit Dornen bedeckte, birnenartige Früchte.

 Gauchos sind die Cowboys aus Argentinien, Bolivien, Brasilien, Paraguay und Uruguay. Sie hüten Rinder auf grasbewachsenen Ebenen, den sogenannten Pampas.

 Die **Anden** bilden mit rund 7000 Kilometern die längste Bergkette der Welt.

 **Fußball** ist der Nationalsport Südamerikas. Argentinien und Uruguay haben die Weltmeisterschaft bereits zweimal gewonnen, Brasilien sogar fünfmal.

BOLIVIEN

BRASILIEN

Feigenkakteen

Guaraní

PARAGUAY

Baumwolle

ASUNCIÓN

Antofagasta

Vulkane

Bergbau

Nutzholz

Mastrinder

Zuckerrohr

CHILE

Fußball

Strickwaren

Wein-trauben

Mais

Zitrus-früchte

URUGUAY

Seehafen

Weizen

Schafe

SANTIAGO

ARGENTINIEN

MONTEVIDEO

Pampas

Seehafen

Kohle

Sturz-bachenten

BUENOS AIRES

Fischfang

Mastrinder

Milchkühe

Gauchos

Pinguine

Paziﬁscher Ozean

Atlantischer Ozean

Guanakos

Öl

Killerwale

Araukarien

Schafe

Pinguine

FALKLANDINSELN (GB)

Öl

STANLEY

Seebären

GROSSE FEUERLANDINSEL

Fischfang

Seehafen

Atlantischer Ozean

MADEIRA (PRT)

Ceuta (ESP) Melilla (ESP) ALGIER TUNIS

Zitrusfrüchte Wein-Trauben Weizen Oliven

RABAT Silber Zitrusfrüchte TUNESIEN

MAROKKO Schafe TRIPOLI

Weintrauben Öl Teppiche Pfirsiche und Aprikosen

KANARISCHE INSELN (ESP) Marrakesch Atlasgebirge Datteln Ant Rui

Datteln Berber-festungen Erdgas Ziegen

Fischfang ALGERIEN

AJUN LIBYEN

Datteln Moderne Karawanen Gaze

Gazellen Sahara

WESTSAHARA Ahaggar

Kohle Tuareg

Maurische Frauen Datteln Salzgewinnung Köhle

MAURETANIEN Baumwolle NIGER

NUAKCHOTT MALI Salzgewinnung

Schafe Mastrinder Bororo

Erdnüsse Schafe Sorghur hirse

Fischfang Rote Paprikas Sorghum-hirse Schafe Mastrinder

DAKAR SENEGAL Yams Timbuktu Niger Sorghum-hirse

BANJUL GAMBIA Büffel Baum-wolle Erdnüsse N'DJAME

BISSAU Erdnüsse Baumwolle Mais Tschad-see

GUINEA-BISSAU NIAMEY

GUINEA BAMAKO OUAGADOUGOU Baum-wolle Bergbau Erdnüsse

Bananen Tabak BURKINA FASO Kakao Nutzholz

CONAKRY Kaffee Volta TOGO BENIN Kau-tschuk NIGERIA Kohle

FREETOWN Kaffee Manioks ABUJA Kaffee

SIERRA LEONE ELFEN-BEIN-KÜSTE GHANA Kaffee Benue

Kautschuk Gold Kautschuk KAMERUN

MONROVIA Stammestänze ACCRA LOMÉ Lagos Öl Kakao Manioks

LIBERIA Abidjan PORTO-NOVO Erdgas JAUNDE

Bananen YAMOUSSOUKRO Fischfang Kaffee Mast-rinder

Weitere Infos:

Die **Pyramiden** wurden als Gräber für die Pharaonen erbaut.

In der Libyschen Wüste wurden **Bewässerungssysteme** errichtet, damit dort Pflanzen angebaut werden können.

Die **Tuareg** sind muslimische Nomaden, die in der Sahara leben. Sie sind erfahrene Kamelreiter.

Die langen Hinterbeine der **Springmaus** helfen ihr, große Distanzen zu überwinden.

Der **Assuan-Staudamm** wurde gebaut, um die Überschwemmungen des Nils zu begrenzen.

Moderne Karawanen nutzen Lastwagen anstelle von Kamelen, um Waren zu transportieren.

WEST- UND NORDAFRIKA

Die Sahara erstreckt sich über Nordafrika. Sie ist die größte subtropische Wüste der Welt und kommt in 12 Ländern flächendeckend oder teilweise vor. Ägypten liegt im Nordosten Afrikas. Die meisten Ägypter leben auf der 16 Kilometer breiten Oase des Nils zwischen Assuan und Kairo und im Delta zwischen Kairo und dem Mittelmeer. Der Nil fließt nördlich von Zentralafrika und sein Name ändert sich von Land zu Land. Der Blaue Nil beginnt im Hochland Äthiopiens und schließt sich dem Weißen Nil im Sudan an. Regenmangel und Ernteausfälle in Ägypten, im Sudan und in Äthiopien haben zu schrecklichen Hungersnöten geführt.

An der Südküste Westafrikas herrscht ein feuchteres Klima. Die dortige Förderung von Öl und Gas hat zum Bau von Straßen, Schulen und Krankenhäusern geführt. Die Küste Kameruns, das an Nigeria grenzt, ist einer der feuchtesten Orte der Welt, und ein Großteil des Landes ist von Sumpf bedeckt.

Mittelmeer

Zitrusfrüchte

Schafe

dgas

Datteln

Libysche Jungen

TSCHAD

Schakale

Mastrinder

wolle

Reis

Stummelaffen

Seehafen

Alexandria

Port Said

KAIRO

Sueskanal

Sinai

Datteln

Zuckerrohr

Pyramiden

ÄGYPTEN

Libysche Wüste

Nil

Reis

Zitrusfrüchte

Luxor

Rotes Meer

Datteln

Baumwolle

Assuan-Staudamm

Bewässerungssystem

Krokodile

Nubische Wüste

Kamele

Baumwolle

Boote auf dem Nil

Hirse

Fischfang

Hirse

Erdnüsse

ERITREA

Makaken

Sudanesische Dörfer

SUDAN

Geier

Mastrinder

KHARTUM

ASMARA

Mastrinder

Bienenhaltung

Giraffen

Mastrinder

Weißer Nil

Blauer Nil

Atbara

Reis

Baumwolle

Seehafen

DSCHIBUTI

DSCHIBUTI

Nomaden

Pygmäen

Akazienbäume

Reis

Tomaten

ÄTHIOPIEN

ADDIS ABEBA

Berbera

Zitrusfrüchte

Schafe

Diamanten

Flusspferde

SÜDSUDAN

Zebras

Leoparden

Kaffee

Hochland von Abessinien

Schafe

Ziegen

ANGUI

ZENTRALAFRIKANISCHE REPUBLIK

DSCHUBA

Surma

Juba

SOMALIA

Säbelantilopen

Bananen

MOGADISCHU

Indischer Ozean

Schon gewusst?

- Ägyptens Hauptstadt Kairo ist mit ungefähr 20 Millionen Einwohnern die größte Stadt Afrikas.
- Der Sudan hat 223 Pyramiden – mehr als Ägypten. Sie sind allerdings kleiner und haben steilere Seiten.
- Im Jahr 2011 enthüllten Satellitenbilder 17 vergrabene ägyptische Pyramiden.

0   400   800 km

MALABO

BIOKO

ÄQUATORIAL-GUINEA

SÃO TOMÉ

Kakao

LIBREVILLE

SÃO TOMÉ UND PRÍNCIPE

Öl

GABUN

Fischfang

Kaffee

PROVINZ CABINDA (ANGOLA)

LUANDA

Fischfang

REPUBLIK KONGO

Kongo

Nutzholz

Nutzholz

Kongo-pfaue

Kautschuk

Okapis

BRAZZAVILLE

KINSHASA

Kaffee

Diamanten

Nutzholz

Öl

Kohle

Kohle

Schafe

ANGOLA

Mais

Akazien-bäume

Kokosnüsse

Afrikanische Elefanten

Mais

NAMIBIA

Erdnüsse

Walfischbucht

Namib-Wüste

Mastrinder

Fischfang

Kalahari-Stämme

Oranje

Äpfel

Atlantischer Ozean

Seehafen

Kapstadt

Seehunde

Weintrauben

Brillenpinguine

DEMOKRATISCHE REPUBLIK KONGO

Kaffee

Afrikanische Elefanten

Lega-Dörfer

Palmöl

Manioks

Palmöl

Bergbau

Erdnüsse

Sambesi

Kohle

Hirse

Termitenhügel

Baumwolle

Dornen-büsche

Spitzmaulnashorn

Bergbau

Silber

WINDHOEK

Spieß-böcke

BOTSWANA

Bergbau

GABORONE

Kalahari-Wüste

Gold

Diamanten

Zulu

Strauße

SÜD-AFRIKA

Tafelberg

Mastrinder

Schafe

Port Elizabeth

Surfen

Seehafen

Mbuti-Pygmäen

Gorillas

BUJUMBURA

BURUNDI

RUANDA

KIGALI

Tee

Kaffee

Breitmaulnashörner

Luba-Masken

Tanganjikasee

Fischadler

Zucker-rohr

Hyänen

SAMBIA

LUSAKA

Baumwolle

Tabak

HARARE

Victoriafälle

SIMBABWE

Diamanten

Kohle

Serowe

Limpopo

Zitrusfrüchte

PRETORIA

Kohle

Johannesburg

Bloem-fontein

MASERU

LESOTHO

Sonnen-blumen

Turkanasee

Löwen

Kaffee

Mastrinder

KENIA

Tee

KAMPALA

UGANDA

Victoriasee

Flamingos

Störche

Masai-Hirten

TANSANIA

Gnus

DODOMA

NAIROBI

Kilimandscharo

Momb

SANS BA

Gew

Daressalam

Fisch

Baumwolle

Kaffee

Tabak

Reis

MALAWI

MOSAMBIK

LILONGWE

Tabak

Baumwolle

Tee

Tee

Blantyre

Sambesi

Kokos-nüsse

Fischfang

Sorghumhirse

Ananas

Garnelen

Erdnüsse

Paviane

Zuckerrohr

MAPUTO

MBABANE

SWASILAND

Zuckerrohr

Indischer Ozean

Durban

Seehafen

Hammerhaie

Seehafen

SÜD- UND OSTAFRIKA

Tropische Regenwälder findet man im nördlichen Teil Südafrikas. Der Fluss Kongo fließt auf seinem Weg zum Atlantik durch die Demokratische Republik Kongo. Die Länder im Osten, Kenia und Tansania, sind für ihre Wildtiere bekannt: Antilopen, Zebras, Giraffen, Elefanten und Nashörner leben in der Savanne, einem ebenen Grasland. Der schneebedeckte Kilimandscharo in Tansania ist der höchste Berg Afrikas. Weiter südlich befinden sich die Kalahari-Wüste und die kleinere Namib-Wüste.

Die meisten Länder Südafrikas sind reich an Mineralien. Simbabwe verfügt über große Ressourcen an Kupfer, Eisen und Gold. In Südafrika werden Kohle und die wertvollen Diamanten abgebaut.

1994 wurde in Südafrika die Apartheid abgeschafft. Bei diesem System der Rassentrennung wurde die schwarze Bevölkerung von der weißen getrennt und ungleich behandelt.

Madagaskar, eine Insel vor der Ostküste Südafrikas, ist die Heimat vieler einzigartiger Tiere, wie des rätselhaften Fingertiers oder der Lemuren, zu denen auch der Indri gehört.

Schon gewusst?

- Die Tutsi leben in Ruanda und Burundi. Sie gehören zu den größten Menschen der Welt. Die durchschnittliche Körpergröße bei Männern beträgt fast 2 Meter.
- Im Jahr 1867 fanden Kinder, die am Fluss Oranje spielten, den ersten südafrikanischen Diamanten. Einige Jahre später gab es einen Diamantenrausch und die weltberühmte Kimberley-Mine wurde eröffnet, aus der bis 1914 Diamanten gefördert wurden.
- Im südlichen Afrika leben das Spitzmaulnashorn und der Berggorilla – zwei der am stärksten gefährdeten Arten der Welt.
- Fischer in Madagaskar benutzen Kescher und Körbe, um die Krabben aus dem Schlick, den Flussmündungen und den Lagunen der Insel zu fangen.

ORONI
KOMOREN

Weitere Infos:

 In einigen afrikanischen Regenwäldern gibt es **Gorillas**. Sie mögen gefährlich aussehen, sind es aber meist nur, wenn sie angegriffen werden.

 Die großen **Massai** leben auf dem Grasland von Kenia und Tansania. Sie sind Viehhirten.

 Bergleute graben Steine, die **Diamanten** enthalten, aus oder sprengen sie. Die Edelsteine werden dann von Kies und anderen Gesteinsfragmenten getrennt.

 Der **Fischadler** lebt in der Nähe von Seen und Flüssen. Mit seinen langen Krallen fängt er sich dort Fische.

 Das **Volk der San** durchstreift die Kalahari-Wüste. Dabei sammeln die Frauen Wurzeln und Beeren, während die Männer Antilopen jagen.

 **Zulus** sind die größte Volksgruppe in Südafrika. Viele von ihnen arbeiten inzwischen in den Städten des Landes.

 Die spektakulären **Victoriafälle** des Sambesi-Flusses fließen in eine gigantische, 108 Meter tiefe Schlucht.

 Wie Bienen, lieben es Termiten, in Gruppen, sogenannten Kolonien, zu leben. **Termitenhügel** sind die riesigen Nester, die Termitenkolonien aus Erdhügeln bauen.

 Das **Nashorn** ist normalerweise ruhig, aber wenn es sich bedroht fühlt, kann es mit 50 km/h heranstürmen.

 Die **Mbuti-Pygmäen** sind die kleinsten Menschen der Welt. Ihre durchschnittliche Körpergröße beträgt nur 1,4 Meter.

0   500   1000 km

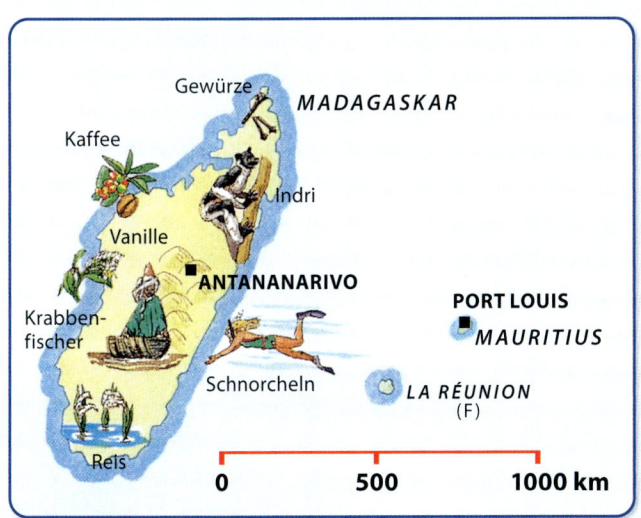

Gewürze

MADAGASKAR

Kaffee

Indri

Vanille

■ ANTANANARIVO

Krabben-fischer

Schnorcheln

PORT LOUIS
■ MAURITIUS

LA RÉUNION
(F)

Reis

0   500   1000 km

POSTSOWJETISCHE STAATEN

O s t s e e

Seehafen

Eiderenten

Eisbrecher

Barentssee

Murmansk

Fischfang

Eisbären

Kohle

Seehafen

LETTLAND

ESTLAND

RIGA

TALLINN

SANKT PETERSBURG

LITAUEN

Äpfel

Schweine

Bergbau

Erdgas

VILNIUS

Ladogasee

Nutzholz

BELARUS

Ballett

RUSSLAND

Öl

Gerste

Dnepr

MINSK

UKRAINE

MOSKAU

Milchkühe

MOLDAU

KIEW

Sonnen-
blumen

Kartoffeln

Nischni
Nowgorod

Kartoffeln

Milchkühe

KISCHINAU

Ikonen

Kasan

Kohle

Ural Gebirge

Jenissei

Weizen

Zuckerrüben

Perm

Öl

Schwarzes Meer

Sewastopol

Weizen

Wolga

Samara

Öl

Jekaterinburg

Ob

Braunbären

Weiz

Tee

Wein-
trauben

Schafe

Landestracht

Schachspieler

Badeorte

Tabak

Fischfang

Schweine

Weizen

Omsk

GEORGIEN

TIFLIS

Kamele

Ziegen

Kohle

NUR-SULTAN

Kosmodrom
Baikonur

JEREWAN

ARMENIEN

BAKU

Kaspisches Meer

Aralsee

Reis

KASACHSTAN

Irtysch

ASERBAIDSCHAN

Öl

Tänzer

Wein-
trauben

Tabak

Balchaschsee

Zuckerrüben

Störe

Baumwolle

Syrdarja

TASCH-
KENT

Schneeleoparden

ASCHGABAT

Samarkand

BISCHKEK

TURKMENISTAN

Teppiche

DUSCHANBE

KIRGISISTAN

CHINA

USBEKISTAN

Baumwolle

TADSCHIKISTAN

0   600   1200 km

Arktischer Ozean

Seemöwen

Grauwale

Tschuktschen

Beringmeer

Seebären

Fischfang

Walrösser

Schneemobile

Kohle

Bergbau

Vulkan

Nenzen

Diamanten

Kohle

Jakuten

Sibirien

Erdgas

Petropawlowsk-Kamtschatski

Lena

Gemüse

Öltanker

Ochotskisches Meer

Bergbau

Iche

Kohle

Fischfang

Pazifischer Ozean

Transsibirische Eisenbahn

Hermeline

...rienhäuser

Sibirische Tiger

Schweine

...utsk

Schafe

Ulan-Ude

Wladiwostok

Baikalsee

Schon gewusst?

- 1961 war der Russe Juri Gagarin der erste Mensch im All. Sein Raumschiff „Wostok" wurde vom Kosmodrom Baikonur in Kasachstan gestartet. Eine weitere Russin, Walentina Tereschkowa, war 1963 die erste Frau im All.

- Viele Schachmeister kommen aus der ehemaligen Sowjetunion. Garri Kasparow aus Aserbaidschan war von 1985 bis 1993 unangefochtener Weltmeister.

- Der Baikalsee im Südosten Russlands ist der älteste See der Welt. Er ist mit 1642 Metern zugleich auch der tiefste.

Die Länder, die heute die Gemeinschaft Unabhängiger Staaten (GUS) bilden, waren bis 1991 Teil der Sowjetunion (UdSSR). Die UdSSR bestand aus 15 Republiken, von denen jede heute ein unabhängiges Land ist. Russland ist das größte Land in der GUS und auch das größte der Welt. Es erstreckt sich von Europa über den Ural bis nach Nordasien. Im Nordosten wird es durch die Beringstraße, einen schmalen Ozeanstreifen, von Nordamerika getrennt.

Das Uralgebirge durchläuft Russland von Norden nach Süden und trennt die Kontinente Europa und Asien. Auf der europäischen Seite der Berge gibt es mehr Menschen und Industrie als auf der asiatischen Seite. Das beste Ackerland für die Landwirtschaft befindet sich im Südwesten.

Sibirien ist eine riesige Region, die sich über Russland vom Uralgebirge im Westen bis zum Pazifik und bis zum nördlichen Polarkreis erstreckt. Sie ist größtenteils mit Nadelwäldern bewachsen, der sogenannten Taiga.

Weitere Infos:

Die **Transsibirische Eisenbahn** fährt von Moskau nach Wladiwostok. Die Reisezeit beträgt ca. 6 Tage.

Die alten **Nenzen** sind Rentierzüchter. Sie leben im Norden Russlands, in der Nähe der Arktis.

Im Arktischen Ozean pflügen riesige **Eisbrecher** durch die gefrorenen Meere. Kleinere Schiffe können dann in den offenen Rinnen fahren.

Störe können über 5 Meter lang werden. Ihre Eier werden zu einem sehr teuren Lebensmittel namens Kaviar verarbeitet.

Schwarzes Meer

Kaspisches Meer

Istanbul

Bergbau

Schafe

Tee

Tabak

Ziegenhirten

Steinböcke

Stör

ANKARA ■

TÜRKEI

Vansee

Reis

Teppiche

Felsen-wohnungen

Öl

Izmir

Tabak

Weizen

Tabak

Urmiasee

Öl

TEHERAN

Tee

Feigen

Zuckerrohr

Antalya

Baumwolle

Öl

Melonen

Teppiche

Weintrauben

Zedern

Baumwolle

Kurden

Zypern

SYRIEN

Ziegen

BAGDAD

Tigris

NIKOSIA ■

ZYPERN

BEIRUT ■

LIBANON

Dattel-palmen

IRAK

Dattel-palmen

Mittelmeer

Fischfang

DAMASKUS

ISRAEL

Feigen

Ruinen von Ur

Öl

WEST JORDANLAND

Oliven

Schafe

JERUSALEM ■ AMMAN

Mais

Schilfhütten

KUWAIT

GAZASTREIFEN (PALÄSTINENSISCHE AUTONOMIEGEBIETE)

JORDA-NIEN

Beduinenzelte

Weizen

KUWAIT-STADT

Öl

Zitrusfrüchte

Gemüse

Araber-Pferde

Falknerei

SAUDI-ARABIEN

Dammam

MANAMA

BAHRAIN

ÄGYPTEN

RIAD ■

Arabische Wüste

Öl

Medina

Wüstenfüchse

Kamele

Sau Ara

Dschidda ●

Sanddünen

Mekka ●

Dattel-palmen

Springmäuse

„Leeres Viertel" (Wüste)

Rotes Meer

Weintrauben

Weizen

Schafhirte

SANAA

Baumwolle

JEMEN

Kaffee

Weizen

Fabriken ● Aden

Seeha

MITTLERER OSTEN

Der Mittlere Osten wird als „Wiege der Zivilisation" bezeichnet, da hier viele alte Zivilisationen ihren Ursprung haben. Auch die drei Weltreligionen Judentum, Christentum und Islam begannen hier. Der Großteil der Bevölkerung im Nahen Osten sind Muslime, es gibt hier aber auch Christen. Die meisten Israelis praktizieren das Judentum. Palästina, das allen Glaubensrichtungen heilig ist, erstreckt sich über Teile Israels und Jordaniens.

Die riesige Arabische Wüste umfasst Teile von Saudi-Arabien, Jordanien, Oman, Jemen und den Vereinigten Arabischen Emiraten. Die Ölförderung aus der Wüste und im Persischen Golf hat die Länder rund um den Golf reich gemacht.

Im Laufe der Geschichte haben religiöse Unterschiede und Streitigkeiten über Grund und Boden und Ressourcen zu vielen Kriegen im Nahen Osten geführt und einige Konflikte dauern bis heute an.

Weitere Infos:

Beduinen sind nomadische Stämme, die in der arabischen Wüste leben. Sie wohnen in Zelten, mit denen sie von Ort zu Ort ziehen.

Saudi-Arabien verfügt über riesige Ölreserven. Das **Öl** wird aus dem Boden und dann in Tanker gepumpt, die es in andere Länder transportieren.

Die **Ruinen von Ur** befinden sich im Südirak. Ur war eine der wichtigsten Städte der antiken sumerischen Zivilisation in Mesopotamien.

Eine **Sanddüne** ist eine Erhebung aus Sand, die durch den Wüstenwind gebildet wird. Dünen ändern ihre Größe und Form, wenn sich die Richtung und Stärke des Windes ändert.

Kurden leben in der Bergregion, in der die Türkei, der Iran und der Irak aufeinandertreffen.

Falknerei ist eine traditionelle Form der Jagd in Saudi-Arabien. Falken sind Raubvögel, die in der Wildnis kleine Tiere jagen und fressen. In Gefangenschaft werden sie aber nur zur Jagd auf Befehl ausgebildet.

SÜDASIEN

Im Norden Indiens erheben sich die schneebedeckten Gipfel des Himalaya-Gebirges. Dort befinden sich die Königreiche Bhutan und Nepal. Während nur wenige Menschen in den Bergen leben, sind die Ebenen von Indien, Pakistan und Bangladesch dichter bevölkert. Die indischen Städte Mumbai, Delhi, Bangalore und Kalkutta sind die Heimat von Millionen von Menschen. Die flachen Zentralebenen werden während der heißen Jahreszeit sehr trocken. Die Regenzeit, wenn sie denn anbricht, dauert in der Regel von Juni bis Oktober.

In Bangladesch ist die Landwirtschaft eine wichtige Branche, obwohl das Land häufig von Überschwemmungen betroffen ist. Dennoch ist Bangladesch ein wichtiger Hersteller von Jute, Reis und Mais. Viele Arbeiter werden auch in der Bekleidungsindustrie eingesetzt.

Die hinduistischen und buddhistischen Religionen haben ihren Ursprung in Südasien. Heute hat Indien eine große Anzahl von Hindus, während Pakistan und Bangladesch hauptsächlich Muslime beheimaten.

RUSSLAND
Erdgas
AFGHANISTAN
K
Teppiche
Schafhirten
Granatäpfel
Kandahar
Erdga
IRAN
Weizen
Baumwolle
P
PAKISTAN
Schafe
Reis
Hyderab
Karatschi
Arabisches Meer

Schon gewusst?

- Einst streiften die Tiger durch die Wälder Indiens. Mittlerweile sind sie gefährdet, da sie wegen ihres Fells gejagt wurden und die Wälder, in denen sie leben, abgeholzt werden. Die verbleibenden Tiger stehen unter Artenschutz.

- Varanasi ist eine heilige indische Stadt, die von vielen Pilgern verschiedener Glaubensrichtungen besucht wird. Aus ganz Südasien kommen Menschen, um im Ganges zu baden. Die Hindus glauben, dass der Fluss heilig ist und sie reinigen wird.

- Indiens Filmindustrie hat ihren Sitz in Mumbai (früher Bombay) und ist bekannt als Bollywood. Durchschnittlich werden hier jährlich dreimal mehr Filme als in Hollywood produziert.

- 1947 wurde Indien von der britischen Herrschaft befreit und in zwei unabhängige Länder, Indien und Pakistan, aufgeteilt.

- Sri Lanka und Indien sind die weltweit größten Teeproduzenten. Wichtige Wirtschaftszweige Indiens sind außerdem die Telekommunikation, der Tourismus und die Textilindustrie.

- Sherpas sind ein bäuerliches Volk in Nepal. Sie arbeiten oft als Führer für Bergsteiger im Himalaya. 1953 bestieg der Sherpa Tenzing Norgay mit dem neuseeländischen Entdecker Edmund Hillary erstmals den Gipfel des Mount Everest.

Weitere Infos:

 Die Herstellung **afghanischer Teppiche** ist ein traditionelles Handwerk. Die Teppiche sind aus Ziegen- und Schafwolle gefertigt. Die Wolle wird gefärbt und gesponnen, dann wird sie auf Webstühlen gewebt.

 Der **Mount Everest** liegt im Himalaya, an der Grenze zwischen Nepal und Tibet, und ist mit 8848 Metern der höchste Berg der Welt.

 Die Hindus halten **Kühe** für heilig, weshalb sie diese nicht töten oder essen. Stattdessen lässt man sie frei auf den Straßen herumlaufen.

 Der meiste **Tee** stammt aus den Blättern einer kleinen Pflanze, die in Indien und Sri Lanka weit verbreitet ist. Die Blätter werden gepflückt und getrocknet und dann entweder lose oder im Teebeutel verkauft.

 Polo ist eine Sportart, die in Pakistan seit Jahrhunderten betrieben wird. Zwei Mannschaften von Spielern zu Pferd versuchen, den Ball mit langstieligen Schlägern ins Tor zu schlagen.

 **Taj Mahal** bedeutet „Krone des Palastes". Es wurde von Kaiser Shah Jahan in Erinnerung an seine Frau gebaut.

Gazellen

CHINA

Chaiber-Pass

Tabak

Schneeleoparden

ISLAMABAD

Rote Pandas

Zuckerrohr

Teppiche

Himalaya

Mount Everest

Nutzholz

Tee

Faisalabad

Amritsar

Nepalesen
mit Jaks

Öl

Baum-
wolle

Lahore

THIMPHU

BHUTAN

Brahmaputra

NEU-DELHI

Reis

Rotes Fort

KATHMANDU

NEPAL

Tabak

Indus

Jaipur

Lucknow

Agra

Ganges

Weizen

Jute

Weizen

Thar-Wüste

DHAKA

Nashörner

Kamele

Varanasi

MYANMAR
(BIRMA)

Taj Mahal

Stahl

Reis

Baumwolle

Mungos

Kalkutta

BANGLADESCH

Weizen

Kobras

Tiger

Kohle

Erdnüsse

Schafe

Hirse

Seehafen

Fabriken

Wälder

INDIEN

Reis

Godavari

Seehafen

Mumbai

Arbeits-Elefanten

Golf von
Bengalen

Filmstudios

Hyderabad

Hornvögel

Krishna

Tee

Rinder

Fabriken

Fischfang

Pfeffer

Fischfang

0   300   600 km

Chennai

Bangalore

Westghats

Seehafen

Heilige Kühe

Buckelwale

Kokosnüsse

Tee

Kochi

Affen

Indischer
Ozean

SRI LANKA

Kokosnüsse

COLOMBO

CHINA UND DIE MONGOLEI

Obwohl China nur wenig größer ist als die kontinentalen USA, hat es mehr als viermal so viele Einwohner. Ein Großteil Chinas ist so gebirgig oder trocken, dass nur wenige Menschen in diesen Gebieten leben können. Über die Hälfte der Bevölkerung lebt in Städten an der Küste, in der Ebene und entlang der großen Flüsse Chinas. Der Boden um den Huang He – den Gelben Fluss – ist ideal für die Landwirtschaft, doch die meisten Menschen in China arbeiten in Fabriken.

In der chinesischen Hauptstadt Peking leben mehr als 19 Millionen Menschen. Shanghai, die größte Stadt und ein Zentrum für Schifffahrt und Industrie, hat sogar noch mehr Einwohner.

Die Insel Taiwan liegt vor der Südostküste des chinesischen Festlandes. Nördlich von China liegt das unabhängige Binnenland Mongolei. Ein Großteil des Landes ist von der Wüste Gobi, hügeligem Grasland oder Bergen bedeckt. Die Mongolen sind erfahrene Reiter, die ihren Schafherden durch die Steppen folgen.

Weitere Infos:

Das **Yak** ist eine Art Ochse, der im Himalaya lebt. Yaks haben zotteliges Haar und lange Hörner. In Tibet wird Yak-Milch verwendet, um saure Butter herzustellen. Diese wird traditionell im Tee getrunken.

Die **Chinesische Mauer** ist circa 8850 Kilometer lang. Sie wurde gebaut, um die nördliche Landesgrenze zu verteidigen. Von etwa 200 v. Chr. bis ins 16. Jahrhundert wurden viele Teile unter verschiedenen Herrscherdynastien erweitert und wiederhergestellt.

Bambus ist das größte Grasgewächs, es kann so hoch wie einige Bäume werden. Bambus dient auch als Nahrung für Riesenpandas, die in den Bambuswäldern Chinas leben.

Zweihöckrige Kamele gibt es in den Wüsten Chinas und der Mongolei. Ihr dichtes Fell und ihre stämmigen Körper helfen ihnen, kalte Winter zu überleben. Unglücklicherweise sind sie in der Wildnis schon fast ausgestorben.

Viele Mongolen leben in runden Filzzelten, den sogenannten **Gers**. Sie binden ihre Gers auf den Rücken von Kamelen, wenn sie an einen neuen Ort reisen.

Hoch oben auf einem Hügel thront der **Potala-Palast** über der Stadt Lhasa in Tibet. Das heutige Museum hat 1000 Zimmer und ist eine beliebte Touristenattraktion. Lhasa ist für tibetische Buddhisten eine heilige Stadt.

Karte

Altai

Öl

Wildesel

Äpfel und Birnen

Uiguren

Tarim

Melonen

Taklamakan-Wüste

Bergbau

Weintrauben

Ziegen

Kartoffeln

Weizen

Tibetische Sherpas

Gerste

Schnee-leoparden

Mek

Yaks

Himalaya

TIBET

Mount Everest

Lhasa

Potala-Palast

Schon gewusst?

- In China ist jedes Jahr einem von 12 Tieren gewidmet: Ratte, Ochse, Tiger, Hase, Drache, Schlange, Pferd, Ziege, Affe, Hahn, Hund oder Schwein.

- In China leben mehr Menschen als in jedem anderen Land – dort lebt etwa ein Fünftel der gesamten Weltbevölkerung.

- Das mongolische Reich war einst das größte der Welt. Östlich der Hauptstadt Ulan Bator steht eine 40 Meter hohe Statue des Gründers Dschingis Khan.

0   400   800 km

Sibirische Tiger

Amur

RUSSLAND

Rentiere

Kohle

Öl

mongolische Frauen

ULAANBAATAR

Wildpferde

Gers

Gold

Harbin

Eis- und Schnee-skulpturenfest

Songhua

MONGOLEI

Sojabohnen

Mais

Liao He

Wüste Gobi

Schafe

Reis

Sonnen-blumen

Erdnüsse

Zweihöckrige Kamele

Salz

Öl

NORD-KOREA

Goldfasane

Chinesische Mauer

PEKING

Fischfang

Sampans (Wohnboote)

Weizen

Kaiserpalast

SÜD-KOREA

Kartoffeln

Kohle

Dschunken

JAPAN

Reis

Reis

Reis

Gelbes Meer

Bambus

Gelber Fluss

CHINA

Hirse

Schweine

Seidenraupen

Nanjing

Riesen-pandas

Baum-wolle

Sampans (Wohnboote)

Shanghai

Chongqing

Jangtsekiang

Wuhan

Industrie

Erdgas

Fabriken

Gerste

Fischfang

Mastrinder

Tabak

Raps

Kalkstein-türme

Tee

Kautschuk-bäume

Rhododendron

TAIPEH

Zitrusfrüchte

Dongguan

Fabriken

Bananen

Westfluss

Guangzhou

Zucker-rohr

Bauern

TAIWAN

Zuckerrohr

Hongkong

Macau

Shenzhen

Fischfang

AOS

VIETNAM

Öl

Seehafen

HAINAN

Südchinesisches Meer

JAPAN UND KOREA

Japan besteht aus vier Hauptinseln: Hokkaidō, Honshū, Shikoku und Kyūshū. Es gibt mehr als 3000 kleinere Inseln, aber die meisten davon sind unbewohnt. Über Japan erstrecken sich außerdem einige Vulkanberge und es gibt häufig Erdbeben.

Auf den südlichen Inseln herrscht feuchtwarmes Klima, während es auf den nördlichen Inseln eher kälter ist. Berge und Wälder bedecken einen Großteil des Landes. Reis wird hier häufig angebaut und auch die Fischerei spielt eine wichtige Rolle. Japan ist einer der weltweit führenden Hersteller von Schiffen, Autos und elektronischen Geräten. Die meisten Japaner genießen einen hohen Lebensstandard.

Korea liegt westlich von Japan. In Nordkorea sind die Winter sehr kalt und das Klima ist für den Anbau von Kartoffeln und Mais geeignet. In Südkorea herrscht ein wärmeres Klima, das sich gut für die Landwirtschaft eignet, aber das Land besitzt auch viele Fabriken und seine Produkte werden in die ganze Welt exportiert.

CHINA

Kohle

Gorale

Nutzholz

Mais

Reis

Weizen

NORD-KOREA

Kartoffeln

Fischfang

■ PJÖNGJANG

Industrie

Koreabucht

Reis

Kohle

Fasane

SEOUL ■

Tabak

SÜD-KOREA

Landestracht

Kohle

Fischfang

Mastrinder

Tee

● Busan

Baumwolle

Industrie

Schiffsbau

Gelbes Meer

Koh

Schon gewusst?

- Die Japaner legen großen Wert auf die Natur. Gärten in Japan sind oft wie kleine Landschaften mit Felsen, Pools und Wasserfällen gestaltet.

- Die Kirschblüte ist die Nationalblume Japans. Jedes Frühjahr kommen die Leute nach Ōsaka, um die blühenden Kirschbäume zu sehen. Die Menschen sitzen in speziellen Pavillons, um die schöne Landschaft zu genießen.

- Zu Beginn des 21. Jahrhunderts wurden in Japan täglich über 120 verschiedene Zeitungen herausgegeben, von denen pro Tag insgesamt fast 72 Millionen Exemplare verkauft wurden.

- Der Berg Fuji ist ein Vulkan, der über fünf schönen Seen thront. Der letzte Ausbruch erfolgte 1707. Viele Japaner glauben daran, dass der Berg Fuji heilig ist.

Weitere Infos:

Die alte Kunst des **Sumo-Ringens** ist der Nationalsport Japans. Sumo-Ringer sind sehr stark und wiegen in der Regel über 150 Kilogramm.

Die **Ainu** waren die ersten Menschen, die auf den japanischen Inseln lebten. Heute leben sie nur noch auf der Insel Hokkaidō.

Der Shinkansen, oder **Hochgeschwindigkeitszug**, ist mit einer Höchstgeschwindigkeit von 320 km/h der schnellste Zug in Japan.

Makaken sind wilde Affen, die in den schneebedeckten Bergen Japans leben. An sehr kalten Tagen halten sich die Makaken warm, indem sie in Wasser aus heißen Quellen baden.

Das berühmte **Torii-Tor** von Miyajima erhebt sich 16 Meter hoch aus dem Meer. Es markiert den Eingang zu einem Shinto-Schrein.

Am 5. Mai ist Kindertag in Japan, dann lassen viele Familien bunte **Koi-Noboris** fliegen. Diese fischförmigen Windsäcke sind außen an den Häusern an Bambusstangen angebracht.

Mandschuren-kraniche

Teshio

HOKKAIDŌ

Nutzholz

Kohle

Sapporo

Schwarzbären

Ainu (Ureinwohner Japans)

Kohle

Kartoffeln

Fischuhus

Fischfang

Früchte

Teezeremonien

Koi-Noboris

Reis

JAPAN

Kartoffeln

Japanisches Meer

Kirschblüten

Tabak

Fischfang

Makaken

Blauwale

Sumo-Ringer

Schweine

Reis

HONSHŪ

Fischfang

Bambus

Tone

Goldener Pavillon

Tintenfische

Chūbu

Kiso

Fuji

TOKIO

Hochgeschwindig-keitszüge

Weizen

Elektronik-industrie

Nagoya

Buddha-Statue

Kyōto

Automobilindustrie

Yokohama

Kōbe

Ōsaka

Zitrus-früchte

Tee

Bergbau

SHIKOKU

Fischfang

Pazifischer Ozean

Reis

Torii-Tor

Öltanker

0   150   300 km

Reis

KYŪSHŪ

INDONESIEN

NEUGUINEA

Kokosnüsse

Kohle

Darwin

Indischer Ozean

Kohle

Flughörnchen

Baumwolle

Cairns

Termiten-hügel

NORTHERN TERRITORY

Silber

Zuckerro

Diamanten

Kohle

Aborigines

Rinderfarmen

Große Sandwüste

Mastrinder

Kragen-echsen

Tanami-wüste

Affenbrotbäume

WESTAUSTRALIEN

Kamelrennen

Schnabeltiere

Salz

Gibsonwüste

Alice Springs

Simpsonwüste

Loris

Uluru

AUSTRALIEN

Kängurus

Opale

QUEENSLAND

Erdgas

Eyresee

Kricket

Große Victoria-Wüste

Kohle

Darling

Weizen

Wassertanks

Broken Hill

SÜD-AUSTRALIEN

Nullarbor-Ebene

Kalgoorlie-Boulder City

Gold

NEU-SÜD-WALES

Schafe

Zitrusfrüchte

Murray

Perth

Schafe

Langusten

Adelaide

Wein-trauben

VICTOR

Weiße Haie

Melbourn

TASMANIEN

Äpfel

Wale

Hoba

Seehunde

ANTARKTIS

Südpol

Die Antarktis ist ein Kontinent, der von einer dicken Eisschicht bedeckt ist. Es ist der kälteste Ort der Welt. Wissenschaftler kommen immer wieder für kurze Zeit hierher, um zu forschen. Der Klimawandel hat seit den 1950er-Jahren zu einem Verlust von 25 000 km² des Schelfeises der Antarktis geführt. Dadurch ist auch die Anzahl der Pinguine um 50 % zurückgegangen.

Pinguine

Mount Erebus

0   800   1600 km

OZEANIEN UND DIE ANTARKTIS

Australien und Neuseeland gehören zu Ozeanien, auch Australasien genannt. Ein Großteil Westaustraliens besteht aus heißer Wüste und nur wenige Menschen leben dort. Die größten Städte liegen an der Ostküste, wo das Klima kühler ist. Sydney, Australiens größte Stadt, ist die Heimat von über vier Millionen Menschen. Im Zentrum Australiens liegt das Outback – ein trockenes, heißes Grasland, in dem Schafe gehalten werden. Australien ist der weltweit größte Wollproduzent. Auch die Landwirtschaft und der Bergbau sind wichtig. Reiche Vorkommen an Mineralien wie Gold, Silber, Edelsteine und Eisen sind hier zu finden.

Neuseeland liegt südöstlich von Australien und hat ein milderes Klima. Es ist in eine Nordinsel und eine Südinsel gegliedert. Die meisten Neuseeländer leben auf der Nordinsel, auf der es mehr Großstädte gibt. Die Südinsel hat ein gutes Weideland und lebt unter anderem von der Milchwirtschaft.

Great Barrier Reef

Pazifischer Ozean

Bananen

Tabak

Koalabären

• **Brisbane**

Weintrauben

Australisches Bergland

Kohle

Seehafen

Sydney

CANBERRA

Surfen

AUSTRALIAN CAPITAL TERRITORY

Weitere Infos:

 Kängurus gehören zur Gruppe der Beuteltiere. Sie haben Hautbeutel, in denen sie ihre Jungen nach der Geburt herumtragen.

 Das **Great Barrier Reef** ist das größte Korallenriff der Welt. Er erstreckt sich über 2000 Kilometer entlang der Küste von Queensland. Das Riff ist bei Tauchern sehr beliebt, aber der Klimawandel und die wachsende Zahl von Besuchern bedrohen das empfindliche Ökosystem.

 Alle zwei Jahre kämpfen die englischen und australischen **Kricket-Teams** um die Ashes-Trophäe.

 Fast alle **Opale** der Welt kommen aus Australien, wo sie 1849 erstmals entdeckt wurden. Die wertvollen Edelsteine werden seitdem abgebaut.

 Die Maoris, die von den ersten Siedlern Neuseelands abstammen, sind bekannt für ihre reiche und vielfältige Kultur, insbesondere für feine **Holzschnitzereien**.

 Der **Kiwi** lebt in den Wäldern Neuseelands. Dieser gefährdete, seltsam aussehende und flugunfähige Vogel nutzt seinen langen Schnabel, um nach Würmern und Larven zu suchen.

Schon gewusst?

- Bevor Australien von den Europäern 1770 besiedelt wurde, bevölkerten es bereits die Aborigines. Die Ureinwohner Australiens durchstreifen den Kontinent schon seit mindestens 30 000 Jahren. Das Land ist ihnen heilig und sie glauben an eine Entstehungslegende namens „Traumzeit". Sie besagt, dass alles aus einem „spirituellen Gewebe" entstanden ist.
- Der Uluru, oder Ayers Rock, überragt mit 348 Metern Höhe die zentralaustralische Wüste. Für die Ureinwohner ist dieser riesige rote Felsen ein heiliger Ort.
- Der Maori-Name für Neuseeland ist Aotearoa. Das bedeutet „Land der langen weißen Wolke".

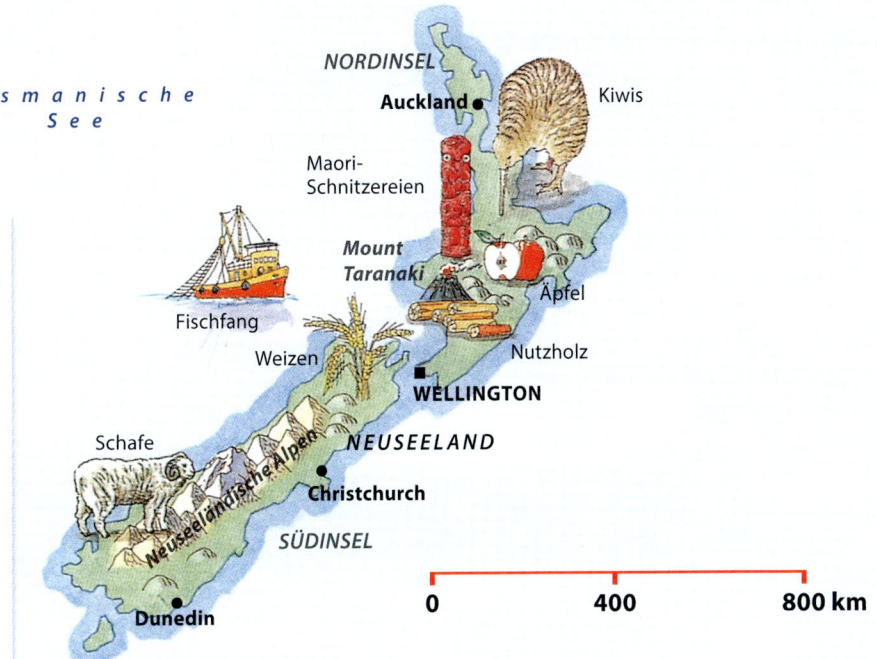

NORDINSEL

Auckland •   Kiwis

Maori-Schnitzereien

Tasmanische See

Mount Taranaki

Äpfel

Fischfang

Weizen

Nutzholz

WELLINGTON

NEUSEELAND

Schafe

Neuseeländische Alpen

Christchurch

SÜDINSEL

Dunedin

0   400   800 km

Erstveröffentlichung unter dem Titel:
„Children's Picture Atlas"
© Award Publications Limited, 2011

Genehmigte Lizenzausgabe
EDITION XXL GmbH
Industriestraße 19
64407 Fränkisch-Crumbach 2025
www.edition-xxl.de

Layout, Satz und Umschlaggestaltung: design cat GmbH
Originaltext: Neil Morris
Übersetzung: design cat GmbH
Illustrationen: Illustratori Associati Boni-Galante
Material zur Erstellung der Landkarten: © Map Resources

ISBN 978-3-89736-717-3

Liberia (LR) **Libyen** (LY) **Liechtenstein** (LI) **Litauen** (LT) **Luxemburg** (LU) **Madagaskar** (MG)

Mauritius (MU) **Mexiko** (MX) **Moldau** (MD) **Monaco** (MC) **Mongolei** (MN) **Montenegro** (ME)

Niederlande (NL) **Niger** (NE) **Nigeria** (NG) **Nordkorea** (KP) **Nordmazedonien** (MK) **Norwegen** (NO)

Paraguay (PY) **Peru** (PE) **Philippinen** (PH) **Polen** (PL) **Portugal** (PT) **Puerto Rico** (PR)

São Tomé und Príncipe (ST) **Saudi-Arabien** (SA) **Schweden** (SE) **Schweiz** (CH) **Senegal** (SN) **Serbien** (RS)

Spanien (ES) **Sri Lanka** (LK) **St. Kitts und Nevis** (KN) **St. Lucia** (LC) **St. Vincent und die Grenadinen** (VC) **Südafrika** (ZA)

Tadschikistan (TJ) **Tansania** (TZ) **Thailand** (TH) **Togo** (TG) **Trinidad und Tobago** (TT) **Tschad** (TD)

Ungarn (HU) **Uruguay** (UY) **Usbekistan** (UZ) **Vatikanstadt** (VA) **Venezuela** (VE) **Vereinigte Arabische Emirate** (AE)